AF300019

42387

RECHERCHES SUR L'HISTOIRE

DU

DROIT DE SUCCESSION

DES FEMMES.

Extrait de la *Revue de législation et de jurisprudence.*
Nouvelle série. — Tome II.
Livraison de juillet 1843.

La *Revue de législation et de jurisprudence*, publiée sous la direction de MM. *Wolowski*, professeur de législation industrielle au Conservatoire des arts et métiers ; *Troplong*, conseiller à la Cour de cassation, membre de l'Institut ; *Charles Giraud*, membre de l'Institut ; *Faustin-Hélie*, chef du bureau des affaires criminelles au ministère de la justice, et *Ortolan*, professeur à la Faculté de droit de Paris, paraît chaque mois par livraisons de huit feuilles d'impression. Elle forme par an deux forts volumes de 800 pages chaque. Prix de l'abonnement : 20 fr. pour Paris, 22 fr. pour la province, 26 fr. pour l'étranger. Bureaux : 21, rue Bergère.

RECHERCHES SUR L'HISTOIRE

DU

DROIT DE SUCCESSION

DES FEMMES,

Par B.-E.-J. RATHERY,

AVOCAT A LA COUR ROYALE DE PARIS.

« A chaque pas que l'homme a fait vers la civilisation, la femme a fait un pas vers l'égalité avec l'homme. »

PARIS.

COSSON, IMPRIMEUR DE L'ACADÉMIE ROYALE DE MÉDECINE,
RUE SAINT-GERMAIN-DES-PRÉS, 9.

1843.
1844

RECHERCHES SUR L'HISTOIRE

DU

DROIT DE SUCCESSION

DES FEMMES [1].

(1ʳᵉ partie. — *Législations anciennes.*)

La dépendance de la femme est un fait général aux époques et dans les populations primitives. L'Orient, ce berceau du genre humain, nous montre les peuples passant successivement de l'état chasseur ou sauvage à l'état patriarcal, ou pastoral et agricole, puis à celui de peuple commerçant, navigateur ou manufacturier. Chacune de ces périodes amène un progrès de civilisation sur la précédente, et par conséquent une amélioration dans le sort des femmes. Car on a proclamé un axiome d'une justesse incontestable quand on a dit « que la considération pour ce sexe était la mesure des progrès d'une nation dans la vie sociale (2).

(1) Fragmens d'un mémoire auquel l'Académie des sciences morales et politiques a décerné une première mention honorable, dans sa séance du 28 mai 1842. — Voir le jugement que M. Mignet a porté sur ce travail (*Revue de législation et de jurisprudence*, t. XVI, p. 5).

(2) Grégoire, *De l'influence du christianisme sur la condition des femmes*, p. 1. Cela est si vrai qu'on n'a pas trouvé de règle plus sûre pour déterminer l'âge de divers monumens des littératures primitives. Ainsi la tradition

La société, telle qu'elle nous apparaît dans les premiers livres de la Bible, a déjà passé à l'état patriarcal, et l'attachement persévérant de Jacob pour Rachel montre que la femme a une valeur tout autre que dans la vie sauvage ou du peuple chasseur. Mais ce qu'on estime en elle, c'est l'ouvrière laborieuse, l'habile ménagère, la première des domestiques. En effet, on voit constamment les femmes et les filles des riches et des princes, Sara, Rebecca, Zippora, Ruth, Thamar, s'occuper des travaux les plus subalternes. D'ailleurs la polygamie et la répudiation arbitraire régnaient en Judée, comme dans tout l'Orient. Chez la plupart de ces peuples vivant à l'état patriarcal, d'après une coutume invétérée, sinon en vertu d'une loi précise, la fille était livrée à l'homme qui l'obtenait en mariage sans aucune portion du patrimoine. C'est ainsi qu'Isaac prend Rebecca, *cum nutricé et paucis ancillis*, tandis que Laban garde tout le bien paternel. Ainsi, plus tard, Laban lui-même donne ses deux filles à Jacob, en guise de salaire pour les services qu'il lui a rendus. C'est pourquoi elles se plaignent d'avoir été vendues et traitées en étrangères (1). Et quand Jacob fait part à ses femmes de son projet d'aller en Chanaan : Y a-t-il encore pour nous, lui disent-elles, quelque portion d'hérédité dans la maison de notre père? ne sommes-nous pas des étrangères pour lui? ne nous a-t-il pas vendues (2)? Quand Sichem demande en mariage à son père et à ses frères Dina dont il est violemment épris, il les invite

des Niebelungen, dans l'Edda, a été jugée antérieure à celle de l'Allemagne, surtout par la comparaison du rôle que jouent les femmes, Brynhild, Gudrun, Gunnar, dans l'une et l'autre version. (*Hist. de la poésie scandinave*, par Duméril, p. 394 et 399.)

(1) « *Habitus se velut extraneas à patre eò quòd vendidisset se.* » *Genes.*, 31, 15.

(2) « *An adhuc portio aliqua et hereditas est nobis in domo patris P...* » *Nonne pro alienis habitæ sumus ab illo, cùm vendidit nos?* » *Genes.*, 31, 14.

à en demander le prix qu'ils voudront (1). Ainsi, achat de la femme par le mari sous le titre de dot (2), exhérédation de celle-ci au profit des frères ou parens de la ligne masculine , voilà le droit commun chez les peuples pasteurs, tel que nous le trouvons dans la Genèse, dans presque tout l'Orient, tel que Justinien nous le signalera plus tard chez les Arméniens et autres (3) : « *Mulieres sine dote ad viros venire et emi à maritis futuris.* »

Neanmoins les plaintes que la Genèse met dans la bouche des filles de Laban nous prouvent que dès lors un pareil état de choses soulevait de la part des filles déshéritées de nombreuses réclamations. On voit même, par le livre de Job, que parfois la tendresse paternelle protestait contre la rigueur de la coutume, et l'auteur rapporte, probablement à titre de fait exceptionnel, que Job, possédant de grandes richesses, donna à ses filles une part de sa succession, quoiqu'elles eussent des frères (4). Bientôt ces dons minimes que la fille recevait, soit à la mort du père, soit en se mariant, et qui n'étaient, dans le principe, qu'un souvenir (5), une reconnaissance (6), devin-

(1) « *Augete dotem et munera postulate, et libenter tribuam quod petie-*
» *ris. Tantummodò date mihi puellam hanc uxorem.* » *Genes.*, 34, 12.

(2) V. la note précédente et *Exod.*, 22, 16.

(3) *Norell.*, 21, *de Armeniis....* « *Non ipsis solummodò hæc ferociùs*
» *sentientibus, sed etiam aliis gentibus, etc.*» *Præf.*—Laban, dont nous venons de parler, était Chaldéen ; Job, que nous allons citer, était Arabe.

(4) « *Cùm possideret amplissimas opes, dedisse suis filiabus heredita-*
» *tem aliquam, in medio fratrum earum.* » *Job*, 42, 15.

(5) Sostrata, dans Térence, *Adelph.*, 4, 1, faisant exposer sa fille et ne croyant plus la revoir, détache un anneau de son doigt et ordonne qu'on l'expose avec l'enfant, « afin que, s'il meurt, il ne soit pas dit qu'il n'ait rien eu de ce qui appartenait à sa mère. » Voilà l'hérédité testamentaire dans sa plus simple expression et dans sa forme primitive.

(6) Les filles non dotées passaient pour illégitimes , « *ne alienæ aut ille-*
gitimæ viderentur. » (Perizonius, *De lege Voconiá*, 109.) V. la note sur les filles de Laban.

rent une prestation régulière que l'on a évaluée à un dixième de l'héritage, un avancement d'hoirie, ou enfin une dot, dans le sens moderne du mot, destinée à faciliter les mariages (1).

Quant à l'héritage proprement dit, la succession à la propriété foncière, les filles n'y furent admises qu'à défaut de mâles et en vertu d'une décision solennelle de Moïse, agissant avec le concours de l'autorité publique et sous l'inspiration immédiate du Très-Haut. Voici comment ce fait est rapporté au 27e chap. des *Nombres :* « Les cinq filles de Salphaad se présentèrent devant Moïse et Éléazar prestre auprès de la porte du tabernacle, en présence de tous les princes du peuple, et leur dirent : Nostre père est mort dans le désert et dans son péché, mais sans avoir eu part à la sédition excitée par Coré ; il n'a point laissé d'enfans mâles ; mais sera-t-il dit que pour n'avoir point de fils son nom soit effacé d'entre ceux de sa famille? C'est donc ce qui nous oblige de vous demander que nous ayons du bien en partage aussi bien que les parens de notre père. Moïse rapporta cette affaire à Dieu, et il lui répondit : La demande de ces filles est juste ; ne faites point difficulté de la leur accorder, et dites aussi aux enfans d'Israël: lorsqu'un homme mourra sans laisser de fils, sa fille lui succèdera. Que s'il n'a ni fils ni filles, ses frères lui succèderont ; et, s'il n'a point de frères, les frères de son père lui succèderont. Que s'il n'a pas même des oncles, les plus proches parens après eux lui succèderont (2) ».

Il faut remarquer que, parmi les héritiers autres que les filles, il n'est fait mention ni de la sœur, ni de la tante maternelle, ni d'aucune autre femme ; il n'est question que du frère, de l'oncle paternel (*patruus*) et des autres parens mâles et par les mâles. Les Juifs purent adoucir plus tard ces disposi-

(1) Selden, *De successoribus Ebræorum.*

(2) Traduction d'Arnauld d'Andilly, f°, p. 91.

tions rigoureuses , mais toujours de manière à ce que les femmes fussent exclues par les mâles au même degré. Plus tard , c'est en invoquant le même texte que les talmudistes posèrent cette règle : *Filius præcedit filiam , et omnes egressi ex femore filii præcedunt filiam* (1).

Encore Moïse voulut-il que la fille héritière du patrimoine , en vertu de la règle précédente , épousât un homme de sa tribu (2), afin que le bien ne passât pas à une tribu étrangère (3).

Cet ordre de succession et les précautions que nous venons d'exposer ne s'appliquaient qu'au patrimoine proprement dit , c'est-à-dire aux biens du père. Quant à ceux de la mère auxquels on n'attachait pas la même importance politique, il paraît que les filles les partageaient également avec leurs frères , ou , au défaut de ceux-ci , les recueillaient en totalité (4).

Le mari était l'héritier de la femme qu'il avait dotée et entretenue , la femme héritait du mari en vertu d'une donation expresse. L'époux de Judith lui laissa en mourant tous ses biens , meubles et immeubles (5).

(1) Perizonius, *loc. citat.*

(2) « *Cunctæ feminæ de eâdem tribu maritos accipient ut hereditas permaneat in familiis, nec sibi misceantur tribus, sed itâ maneant ut à Domino separatæ sunt.* » *Num* , cap. 36. V. aussi Salvador, *Institutions de Moïse*, 11, 402, 327, et le système qu'il développe sur la dissolution de toutes les aliénations à l'époque jubilaire.

(3) Ce n'était donc point le plus proche parent que la fille juive héritière était tenue d'épouser, comme le veut Montesquieu , par une confusion avec la disposition analogue du droit attique.

(4) *Selden, De successoribus Ebrænorum*, cap. 1 et 8 (p. 1 et 31, édition de 1695), et Gans, *Erbrecht*, t. I, *passim*.

(5) Salvador, 11, 403. Il en tire la conséquence, selon nous exagérée, que les lois de succession relatives aux femmes étaient la suite des principes sur l'équilibre des richesses, et en aucune manière d'une incapacité de leur part.

En Égypte, contrairement à l'usage de la plupart des autres peuples de l'Orient, le père donnait une dot à sa fille, au lieu de recevoir un prix pour elle : témoin Salomon qui reçut la ville de Gazer à titre de dot, en épousant la fille d'un Pharaon. Les Persans paraissent de bonne heure avoir adopté la même coutume qui, partout où elle s'introduisit, combattit la polygamie et l'exhérédation des femmes. Le luxe et l'industrie établirent à Babylone entre les deux sexes des rapports plus fréquens et plus intimes que dans toute autre province de l'Asie, et les gouvernemens de quelques femmes, Sémiramis, Nitocris, etc., n'y contribuèrent pas faiblement.

D'autres noms encore, Didon, Thalestris, la reine de Saba, Artémise à Halycarnasse, Thomyris chez les Scythes, Zénobie à Palmyre, etc., nous attestent que les femmes régnèrent en Orient, et l'on trouve dans les auteurs quelques exemples de faits semblables chez divers peuples de l'antiquité (1). Mais fut-ce toujours de leur chef, en vertu d'un système régulier de succession, ou, ce qui paraît plus probable, par suite de circonstances accidentelles, d'une préférence momentanée ? C'est ce que l'insuffisance des renseignemens historiques ne permet pas toujours d'éclaircir. L'épouse d'un Pharaon, dit Heeren (*Politique et commerce des anciens*) partageait la puissance et les honneurs de son mari : Nous voyons dans César, *De bello civili*, lib. 13, § 108, que Ptolémée Aulète adjoignit, pour le gouvernement de l'Égypte, à l'aîné de ses enfans mâles, l'aînée de ses filles, Cléopâtre. Quand un roi

(1) Les Issédons, suivant Hérodote, laissaient les femmes jouir d'une autorité égale à celle des hommes. Lucain, *Phars.*, x, 91 :

« .... *Nullo discrimine sexûs*

« *Reginam scit ferre Pharos.* »

Id., chez les Rutules, *Æneid.*, ix, v. 654. Nous retrouverons la même particularité chez les anciens Bretons. (J.-J.-V, Grotius, *De jure belli*, 2, 7, 18.)

d'Égypte laissait un fils en bas âge et une fille en état de régner, celle-ci exerçait une espèce de régence jusqu'à la majorité du prince (1). En Chine, où les femmes sont exclues du trône, le nouvel empereur, avant de recevoir les hommages de ses sujets, doit lui-même rendre les siens à sa mère, et ne peut rien entreprendre d'important sans la consulter. Si l'on en croyait la fable des Amazones et quelques témoignages isolés, il y aurait même eu des contrées où l'autorité souveraine se serait transmise de femme en femme à l'exclusion des mâles. Ainsi quelques auteurs assurent que c'était toujours une femme qui régnait en Nubie : « Lyciis dominantur feminæ usque ab initio, » dit Heraclides, *De politiis Græcorum* ; et nous verrons Tacite relever un exemple semblable chez une peuplade germaine ; mais, pour ajouter foi à une semblable anomalie, il faudrait quelque chose de plus positif que des données vagues qui paraissent avoir pris leur source dans l'usage, mieux avéré ehez certains peuples, de choisir leurs chefs exclusivement dans la descendance féminine.

Quoi qu'il en soit, les divers témoignages plus ou moins vagues, plus ou moins bien constatés, que nous venons d'énumérer, s'ils sont insuffisans pour établir que l'antiquité ait jamais déféré aux femmes, dans certains États, la succession politique en vertu de lois fixes et régulières, prouvent au moins d'une manière évidente que même en Orient, théâtre de leur antique servitude et de leur éternelle infériorité, les femmes étaient arrivées à un degré de valeur et de considération tel qu'on était familiarisé avec l'idée de les voir occuper les positions les plus éminentes.

En passant d'Asie en Europe, des changemens considérables nous frappent tout d'abord. Des républiques constituées

(1) Lenormant, *Cours d'hist. anc.*, ann. 1837, 2ᵉ semestre, leç. 20.

sur des bases populaires ou aristocratiques, fédératives ou municipales, ont remplacé l'organisation par tribus, par castes, l'association patriarcale ou le despotisme théocratique. La famille joue un rôle important encore; mais elle n'est plus tout l'État. La force publique s'est organisée, et la puissance domestique n'en est plus que l'auxiliaire. Des modifications non moins importantes se sont opérées dans les mœurs. La polygamie a disparu, immense progrès. La Grèce et Rome nous montrent la femme dépendante encore, mais non plus avilie. Elle a toujours un maître; mais elle n'a plus d'égale dans la maison. Au fond du gynécée, où la retiennent les mœurs plus encore que les lois, elle peut prêter aux travaux domestiques une dignité que la poésie ne dédaigne pas, se faire des joyaux des enfans qu'elle élève, et maintenir l'honneur du matronat en présence des courtisanes, des hétaires, et d'une autre rivalité à laquelle elle avait moins droit de s'attendre.

Deux républiques, offrant un contraste parfait dans toutes leurs institutions, étaient à la tête de la Grèce. A Sparte, tout était forcé, artificiel, contre nature, à force de vouloir se rapprocher de la nature. A Athènes, l'organisation exquise des Hellènes, leur amour du goût, de la beauté, du raffinement, reprenaient tout leur empire. Les lois différaient sans doute; mais les mœurs encore davantage; ces différences se retrouvaient dans la manière dont ils traitaient les femmes. Lycurgue imprima à celles de Sparte un caractère de dévouement exclusif aux succès militaires de la république, et cela aux dépens de toute qualité féminine, à commencer par la pudeur. Nous ne nous étonnerons donc point de ce que Justin regarde comme une singularité dans les prescriptions de ce législateur : à savoir, qu'il eût voulu que les filles se mariassent sans dot : « *Singulare illud Lycurgi, virgines sine dote nubere voluisse.* » Lib. 3, cap. 3. Il en déduit lui-même les

raisons lorsqu'il ajoute : « *Ut uxores eligerentur, non pecu-*
» *niæ, severiusque matrimonia sua viri coercerent, cùm nul-*
» *lis dotis frenis tenerentur.* » Cependant il faut bien croire
que les dots s'introduisirent plus tard, puisque, dans les *Apo-*
phthegmes de Plutarque, une jeune fille, interrogée quelle dot
elle apporterait à son mari, répond : Ma pudeur . Alors, sans
doute, Sparte était dégénérée des institutions de Lycurgue, *
comme Aristote le lui reproche. Quant à la succession proprement dite , les filles héritaient, à défaut de mâles , au moins du
temps de Lysandre. Car nous voyons dans Élien (*Variar. his-*
tor., 64), que celui-ci étant mort , et sa pauvreté , jusque-là
ignorée, venant à être connue, un jeune homme qui , du vivant du père, avait promis d'épouser sa fille unique, refusa et
fut condamné par les éphores « comme préférant les richesses
aux engagemens pris (1). » Donc il espérait que cette jeune
fille hériterait des biens qu'on supposait à son père.

A Athènes , quand il y avait des enfans des deux sexes , le
bien héréditaire passait toujours aux fils ; mais la fille avait
droit à une dot (2). Cependant , si l'on en croit Plutarque dans
sa *Vie de Solon* , ce législateur, aussi sévère en ce point que
Lycurgue, avait supprimé les dots et restreint l'apport des femmes , en se mariant , à quelques vêtemens à leur usage (3).
Mais cette rigueur, peu conforme aux mœurs attiques , subsista encore moins long-temps à Athènes qu'à Sparte , car on
n'en trouve que peu ou point de traces chez les auteurs ; l'u-
sage de la dot, au contraire, était si bien passé dans les mœurs,
qu'une fille mariée sans dot passait presque pour une concu-

(1) « Τῶν συνθήκων τὸ πλοῦτον πρότιμῶν. »

(2) Gans, *Erbrecht,* dernier chapitre du premier volume. — Samuel Petit, *Leges Atticæ*, lib. vi, tit. 6.

(3) Je n'ai sous les yeux en ce moment que la traduction latine. « *Dotes*
nuptiis abstulit et tantùm tria vestimenta ac parvi pretii instrumenta
aliquot feminas afferre viris voluit. »

bine. Lysitelès dans Plaute (*Trinummus*, act. III, sc. II), veut doter sa sœur en la mariant à un ami :

« Ne mihi hanc famam differant
Me germanam meam sororem in concubinatum tibi
Sic sine dote dedisse magis quàm in matrimonium. »

Ainsi les frères héritiers dotaient leur sœur quand le père ne l'avait pas fait lui-même avant de mourir. Cette part des filles paraît avoir été ordinairement d'un dixième de l'héritage, comme chez les Hébreux (1). Il semble même que le père pouvait, par une disposition expresse, déshériter le fils au profit de la fille, puisque Chrémès, dans Térence (*Heautont.*, act. V, sc. 2), voulant éprouver le sien, le menace de donner tous ses biens à sa sœur en la mariant (2).

A défaut de fils, les filles héritaient, et même leurs enfans, par préférence aux autres parens mâles (3) ; mais, dans ce cas, le plus proche parent de l'héritière devait l'épouser et se trouvait par ce fait dans la même position que s'il eût été adopté par la famille à laquelle il s'alliait. Si l'héritière était déjà mariée à un homme qui ne tînt par aucun lien de parenté à sa famille, ce parent avait le droit de faire casser le mariage, à moins que la fille ne renonçât à ses droits (4). C'est à un principe absolument semblable que se rattachaient la loi athénienne qui autorisait et prescrivait même le mariage d'un frère et d'une sœur consanguins, la loi lacédémonienne dont parle Clavier, qui permettait aux filles héritières de se marier à des étran-

(1) Cela semble résulter d'un passage d'Isée, *Disc.* IX.
(2)   *« Ubi cui decuit primò, tibi non licuit per te mihi dare*
     Abii ad proximos, tibi qui erant : eis commisi et credidi. »
Ces *proximi* sont la sœur et son mari.
(3) Isée, *Disc.* II, p. 392 : « Τοῖς ἐκ τῆς γνησίας θυγατρὸς παῖσι γίγνοσι ἅπαντων τῶν πατρῴων κληρονομία προσήκει. »
(4) Samuel Petit, p. 444.

gers pourvu que ceux-ci se soumissent à la législation de la république, la loi de Milet, en vertu de laquelle une fille n'héritait qu'à la charge d'épouser un citoyen pauvre, et enfin la
disposition analogue que nous avons trouvée chez les Hébreux.
Toutes ces prescriptions avaient pour but de conserver la fortune dans les familles et dans l'État (1).

Ces divers points de la jurisprudence athénienne relativement à la succession des femmes ressortent clairement du neu-
vième discours d'Isée. On y voit comment la succession d'Aristarque, qui avait eu quatre enfans, deux fils et deux filles, se
trouva en définitive dévolue de droit à l'une d'elles, mère de
l'orateur. Des deux fils, l'un Cyronidès, passa par l'adoption
dans une autre famille, de sorte qu'il n'eut plus de droits à
exercer dans la succession paternelle (2). Restait l'autre fils,
Démocharès, qui devint héritier (3). Ainsi jusque-là on ne tient
pas compte des filles; mais Démocharès étant mort jeune, le
droit de celles-ci fut ouvert, et l'une d'elles étant aussi venue à
mourir, ce fut ainsi, dit Isée, que ma mère devint héritière de
tout le patrimoine (4). La fille d'Aristarque n'hérite donc qu'a-
près la mort de celui de ses frères qui est resté dans la maison et

(1) Dans l'Andorre, dont la législation a conservé un caractère tout primitif, les filles qui héritent à défaut de mâles, loin de chercher un riche mariage, épousent un cadet qui ajoute leur nom au sien et vient s'établir dans
leur héritage. Ainsi se perpétuent les biens et les familles. L'auteur à qui
nous empruntons ces détails en a connu une qui, depuis sept à huit cents
ans, avait conservé le nom sans interruption, les biens sans augmentation ni
diminution. Deux fois elle se serait éteinte sans un mariage semblable. (*De
l'Andorre*, broch. in-8 ; Toulouse, 1823.)

(2) « Κύρωνιδὴς ἐξεποίηθη εἰς ἕτερον οἶκον, ὥστε αὐτῷ τῶν χρῆματων
οὐδὲν ἔτι προσῆκεν. »

(3) « Δημοχαρὴς υἱὸς κληρονόμος κατέστη. »

(4) « Τούτου καὶ παιδὸς ἀποθανοντος καὶ τ'ἑτέρας ἀδελφῆς, ἡ μήτωρ ἡ
ἐμὴ ἐν παντί τῳ οἴκῳ ἐπίκλαρος ἐγένετο. »

sous la puissance paternelle. Ce n'est pas tout : la suite du discours nous apprend que la jeune héritière s'étant mariée à un autre qu'au plus proche agnat, celui-ci menaça de faire rompre le mariage afin de l'épouser avec la dot, et que les deux époux, dans la crainte de voir briser des nœuds qui leur étaient chers, aimèrent mieux renoncer à la pétition d'hérédité.

Dans le discours VI du même auteur, p. 488, on voit que la loi admettait la sœur germaine à la succession du frère *ex æquo* avec le fils d'une autre sœur ; mais que, pour les biens des autres agnats, elle donnait la préférence aux héritiers du sexe masculin ; car, ajoute-t-il, les mâles et leurs descendans qui sont à leurs droits excluent les femmes, quand même ils seraient d'un degré plus éloigné. Malgré ces restrictions, il paraît que le mouvement progressif de la société permit par la suite aux femmes grecques d'acquérir une grande influence patrimoniale, puisque Aristote (*Ethic.*, liv. 7), après avoir fait observer qu'elles sont rarement maîtresses chez elles, ajoute qu'il en est autrement des riches héritières (1), et qu'ailleurs (*Polit.*, liv. 1, chap. 9) le même auteur affirme qu'à Sparte elles avaient fini par posséder les deux cinquièmes du territoire.

Des institutions à peu près analogues à celles de l'ancien droit attique régnaient dans les villes libres, et même dans quelques états monarchiques de l'Asie mineure (2).

Rome, à l'époque où elle forma sa constitution et ses mœurs, alors qu'après l'expulsion des rois elle s'organisa en république municipale et aristocratique, se trouva sous l'influence de l'esprit de propriété et de famille qui régnait dans les nations aborigènes du Latium, esprit dur et austère, tout différent des

---

(1) « Quæ indotata est, ea demùm in potestate est viri, » dit Megadorus, dans Plaute (*Aulularia*).

(2) V. Cicéron, *Pro Flacco*, 72, 75 (XXX), et Gaius, *Comment.*, 1, § 198.

mœurs faciles dont s'accommodent les monarchies et même les grandes républiques modernes. Cette position particulière porta les Romains à faire une question d'État de la condition civile des femmes (1) , et à les traiter avec plus de sévérité que l'Étrurie qui leur offrait le modèle de son antique civilisation, que la grande Grèce qui avait donné l'exemple d'une réforme , même en ce qui touche la tutelle à laquelle les femmes étaient soumises , chez les Grecs, pour tous les actes importans de la vie (2), enfin , sous certains rapports , que la Grèce elle-même , à laquelle cependant ils empruntaient la plupart de leurs lois civiles.

Loin de confondre la femme dans le régime général de la famille , on l'en détacha, , au contraire , pour la soumettre à une constitution spéciale , plus étroite et plus rigide , et si la loi romaine nous offre , parmi les législations anciennes, ce trait saillant, qu'il ne paraît pas qu'aucune différence de sexe ou de primogéniture ait jamais produit chez elles une inégalité de droit relativement à la succession en ligne directe descendante, nous verrons que cette faculté même fut entourée de mille précautions destinées à en restreindre les effets, et que, pour les autres capacités civiles , la femme fut enlacée dans des liens qui accusent la rudesse des vieilles mœurs romaines.

La plus lourde de ces chaînes était la tutelle perpétuelle, institution qui soumettait la femme à la surveillance indéfinie de

---

(1) *Du vrai caractère de la loi Voconia*, mémoire lu à l'Acad. des sc. morales, par M. Giraud (d'Aix); Paris, 1841, p. 9. Ce judicieux mémoire, qui résume les travaux sur le même sujet de Baudoin, Bouchaud, de MM. Kind, Zimmern, Savigny, etc., nous a fourni, avec Montesquieu, *Esp. des lois*, liv. xxvii, et la savante *Dissertation* de Perizonius, Leyde, 1740, in-12, le fonds de l'exposé que nous donnons ici de la succession des femmes chez les Romains.

(2) Saumaise, *De modo usurarum*, p. 165, et Buddée, *Comm. ling. græc.*,

ses proches, et la frappait d'impuissance pour disposer de ses biens à leur préjudice (1). *Veteres enim*, dit Gaius, *voluerunt feminas etiamsi perfectæ œtatis sint, propter animi levitatem, in tutelâ esse* (2). Le fils de famille était libéré de la tutelle par le bénéfice de l'âge ; la femme n'en sortait que pour passer sous la puissance maritale, *manus*, qui se confondait avec la puissance paternelle du chef de la famille, laquelle était elle-même une espèce de souveraineté. Car, ainsi que le remarque Gibbon (3), une fiction qui n'était ni rationnelle ni délicate donnait à la mère de famille l'étrange caractère de sœur de ses enfans et de fille de son époux (4), d'où lui venait, selon *Aulu-Gelle* (*Noct. attic.*, 18, 6), ce nom même de mater familias : « *Quoniam non in matrimonium tantùm, sed in familiam* » *quoque mariti et in sui herediis locum venisset.* »

Ainsi la vie tout entière de la femme était absorbée par la puissance paternelle ou par la puissance maritale, ou par la puissance tutélaire (5) : « *Majores nostri*, dit Tite-Live » (XXXIV, 2), *feminas voluerunt in manu esse parentum*, » *fratrum, virorum.* » La capacité de succéder pouvait seule la consoler de l'injustice du droit à son égard.

Trois causes générales pouvaient ouvrir un droit successoral au profit d'une femme : 1° la puissance paternelle, 2° le mariage ; 3° la parenté.

1° *La puissance paternelle.* Le lien le plus proche de la fa-

---

(1) Gaius, *Comment.*, 1, § 192. — 11, § 112 et 118.— Cicer., *Pro Flacco*, 84. — Heinecc., *Antiq. rom.*, 46, 1, t. 13, § 17.

(2) *Comment.*, 1, § 144.

(3) *Décadence*, ch. 44.

(4) *Loco filiorum habeantur quæ in viri manu sunt.* (Gaius, *Comment.*, 1, § 126.)— *Tristi virum do.... patrem.* (Terent., *Andr.* 1, 15.)

(5) On trouve des exemples de femmes en tutelle jusque sous Constantin. (Loi 2 *Cod. Theod.*, *De tutel. creand.*) Les traces de cette tutelle ne disparaissent complètement que sous Justinien.

mille est celui du père aux enfans. Toutes les législations le reconnaissent ; mais la législation romaine le détermine par le caractère spécial de la *puissance*, et, comme la fille est aussi bien en la puissance que les mâles, elle est appelée aussi à la succession « *Lex duodecim Tabularum*, dit Paulus (*Sentent.*, lib. iv, tit. 8, § 22), *sine ullâ discretione sexus agnatos admisit*, » et Justinien (*Instit.*, lib. 3, tit. 2, § 3), parlant de la même loi : « *Simplicitatem legibus amicam amplexa simili modo omnes agnatos sive masculos sive feminas cujuscumque gradûs, ad similitudinem suorum, invicem ad successionem vocabat.* » Ainsi point de distinction de sexe ni pour les héritiers siens, ni pour les agnats. La fille partageait également avec ses frères l'héritage du père sous la puissance duquel elle se trouvait ou s'était trouvée avec eux. Tel fut le droit dès les premiers temps de la république, tel il resta plus tard, sans que la loi Voconia lui ait porté aucune atteinte, ainsi que nous le verrons tout à l'heure.

Pour n'en citer qu'un exemple, nous nous bornerons à rappeler ce fait qui se trouve dans Appien (Ἐμφύλ., 4). Thoranius, apprenant que son fils l'a fait mettre par Antoine sur la liste des proscrits, pour s'emparer de sa succession, avertit sa fille « de ne pas prendre sa part des biens paternels, de peur que son frère ne lui fasse éprouver le même sort (1). » La mère n'ayant jamais eu la puissance, ses enfans ne lui succédaient point, ou du moins ne venaient qu'au rang de *cognats*. C'est pourquoi Polybe, racontant que Scipion l'Africain abandonna à sa sœur l'héritage maternel, ajoute que légalement elle n'y avait aucun droit (2). Le sénatus-consulte Orphitien, rendu sous Marc-

_____

(1) « Μὴ μεταχειν τῶν πατρῴων, μὴ κἀκείνην ὁ ἀδελφὸς αἰτησαιτο παρὰ Ἀντωνίου. »

(2) « Ἧς οὐδὲν αὐταις προσῆκε κατὰ νόμους. » *Excerpt. de virt. et vit.*, 402.

Aurèle, donna par exception aux enfans le droit de succession sur les biens de leur mère, en premier ordre. Les enfans exclurent désormais les agnats, après lesquels ils venaient auparavant. De même les enfans de la fille n'étant point sous la puissance de leur aïeul maternel ne venaient à sa succession qu'au rang des *cognats*, tandis que les petits-enfans par mâles représentaient leur père et passaient même avant les agnats (1). Cette préférence, que le texte cité en note attribue à une prédilection pour la descendance mâle, s'explique, on le voit, par le même principe que la disposition précédente, à savoir la puissance considérée comme source de la succession des enfans. Ce fut encore par exception que les empereurs Valentinien, Théodose et Arcadius accordèrent aux petits-fils le droit de succéder à leurs grands-pères maternels ; car ces droits ne leur furent donnés que sous déclaration d'un tiers ou d'un quart réservés aux héritiers de l'ancien droit (2). Justinien seul dispensa les enfans de la fille de cette réduction du quart (3).

Voyons maintenant la succession des femmes en ligne ascendante. La mère, n'ayant point la puissance, n'avait pas non plus le *jus peculii* en vertu duquel, dans le principe, le père retenait la fortune de son fils prédécédé (4). Elle n'avait donc point le droit de succéder à ses enfans, et, lors même qu'elle était *in manu*, elle ne leur succédait qu'au rang des agnats (5).

(1) « *Vetustas ex masculis progenitos plus diligens solos nepotes vel neptes qui ex virili sexu descendunt, ad suprum vocabat successionem, et juri agnatorum eos anteponebat ; nepotes autem qui ex filiabus nati sunt, et pronepotes ex neptibus cognatorum loco numerans post agnatorum lineam eos vocabat, tam in avi vel proavi materni, quàm in aviæ vel proaviæ sivè paternæ, sivè maternæ successionem.*» (*Instit.*, lib. III, tit. 1, § 15.)

(2) Cod. Theod., *Constit.*, 4, § 2, *De legitimis heredibus.*

(3) Lois, 13, 14, *Cod. de legit. hered.*

(4) Digest., l. 11, *De castrensi peculio.*

(5) Gaius, *Instit.*, III, 24.

Claude, et ensuite Adrien, accordèrent à la mère qui avait le *jus liberorum* le droit de succéder à l'exclusion des agnats ; mais, à défaut de descendans du père et des frères consanguins, elle dut partager avec la sœur consanguine (1). Constantin modifia ce droit de la mère en la réduisant aux deux tiers lorsqu'il existait un oncle paternel ou des descendans de celui-ci ; mais en lui attribuant le tiers restant de l'hérédité, quand même elle n'avait pas le *jus liberorum*, dans le cas où elle ne concourait qu'avec des agnats, qui l'excluaient auparavant (2). Par une constitution de Théodose et de Valentinien, ce *jus liberorum* ne fut plus exigé dans le cas de concurrence avec l'oncle paternel et ses enfans ; mais la mère dut laisser un tiers au frère émancipé qu'elle excluait jadis (3). Enfin Justinien (4) dégagea tout-à-fait le droit de succession de la mère de ce *jus liberorum*. Le frère et le père n'exclurent plus la mère ; si elle concourait avec des frères et sœurs, elle prenait une part virile (5) ; si avec des sœurs seulement, elle avait la moitié ; si avec le père et des frères et sœurs, elle avait les deux tiers de l'usufruit (6). C'est en passant par ces vicissitudes et ces complications diverses que le droit de succession de la mère parvint à se placer définitivement en concurrence avec celui du père et des frères dans la novelle **118**, où le lien du sang, isolé de toute autre circonstance, fut reconnu comme la seule base du droit de succéder (7).

2° *Le mariage*. Le mariage, considéré comme ouverture de droits successifs au profit des femmes, se confond avec la puis-

---

(1) Ulpien, *Fragm.*, xxiv, 8.
(2) *Cod. Theod.*, Constit., i, *De legit. hered.*
(3) *Ibid.*, Constit., 7.
(4) *Cod.*, l. ii, *De jure liberorum.*
(5) *Instit. de Sc. Tertul.*, §
(6) *Cod.*, l. vii, *Ad Sc. Tertul.*
(7) Giraud, *Mémoire*, p. 48.

sance paternelle, puisque, grâce à la fiction dont nous avons exposé plus haut les caractères, l'épouse avait les mêmes droits sur la succession du mari que la fille sur celle de son père. S'il mourait sans enfans, elle héritait de tous ses biens, comme la courtisane Larentia dont parle Macrobe (liv. 1., cap. 10), et qui, épousée par le riche Tarrutius, recueillit seule après sa mort son immense fortune. Si le défunt laissait des enfans, la femme partageait également avec eux (1). Quand le mariage libre vint plus tard effacer presque toutes les traces de la *manus* ancienne, et, entre autres, le droit de succession de l'épouse considérée comme fille, le préteur introduisit la possession de biens *unde vir et uxor* ; mais elle n'avait lieu que lorsqu'il n'y avait aucun parent. Le mariage ne prenait donc dans la famille que le dernier rang, et le cognat le plus éloigné excluait l'époux. Des tentatives qui paraissent avoir été faites, dans les derniers temps de l'empire, pour assimiler les époux aux cognats, sont repoussées par une constitution de Théodose le jeune, de l'an 428.

3° *La parenté.* La simple parenté, ou succession collatérale, était le troisième rapport et le plus éloigné qui pût faire venir l'héritage aux mains des femmes. La loi des XII Tables, comme nous l'avons vu, appelait indistinctement à la succession les agnats, de quelque sexe ou de quelque degré qu'ils fussent. Le plus proche excluait les autres : « *Agnatus proximus familiam habeto.* » Mais il paraît qu'une influence, que nous allons caractériser tout à l'heure, eut assez de pouvoir pour faire étendre, par la pratique et la jurisprudence, les restrictions du droit successoral des femmes résultant de la parenté. Malgré les termes généraux de la loi, on imagina de distinguer le sexe à un certain degré de l'agnation, et les femmes ne purent plus recueillir une succession par droit de consanguinité qu'autant

(1) Dion. Halyc., lib. ii, cap. 4.

qu'elles furent sœurs du défunt. Le résultat de cette jurisprudence fut d'exclure presque absolument les femmes des successions *ab intestat*, jusqu'au temps où le préteur les admit à la possession de biens qu'il accordait à raison de la proximité *unde cognati;* mais, rangées dans cet ordre, les femmes n'arrivaient encore à la succession qu'autant qu'il n'y avait aucun agnat ni cognat plus proche (1). *Feminæ ad hereditates legitimas ultrà consanguineas successiones non admittuntur. Idque jure civili voconiana ratione videtur effectum* (2).

Ces derniers mots amènent naturellement à se demander quelle était cette loi *Voconia* dont l'analogie, l'esprit *(ratio)*, se faisait sentir jusque dans les successions légitimes, bien qu'elle ne fût faite, ainsi que nous allons le voir, que pour les successions testamentaires.

Malgré la précaution de la loi des **XII Tables**, de ne point admettre à l'hérédité les parens par femmes qui auraient transporté les biens dans une autre famille, cet effet redouté avait lieu quand une femme héritière se mariait. D'un autre côté, lorsqu'une maison devait sa fortune à une femme, l'autorité du mari devenait plus difficile, et la puissance domestique, élément si important de la constitution de l'État, était ébranlée. Mariée, l'usage des biens extrà-dotaux lui ouvrait une nouvelle source d'indépendance; non mariée, elle pouvait, malgré le frein de la tutelle, dissiper une partie notable de sa fortune, puisque, grâce au relâchement de la jurisprudence à cet égard, c'étaient, dit Cicéron, les tuteurs qui étaient en la puissance des femmes, et non les femmes en celle des tuteurs (3). De là, vers le milieu du VIe siècle de Rome, entre la première et la deuxième guerre

(1) *Instit.*, lib. III, tit. 2, § 3.
(2) Pauli sentent., lib. IV, tit. 9, § 3.
(3) Cicero, *Pro Murená*, XII.

punique, un parti dont Caton, représentant du vieil esprit romain, rebelle aux progrès de la civilisation, fut la personnification la plus complète. Saper l'influence d'un sexe qu'il détestait (1), restreindre en toute occasion la participation des femmes aux droits civils et politiques (2), raffermir à la fois l'État et la famille qu'il voyait compromis tous deux par leurs envahissemens (3), telle fut, après l'anéantissement des ennemis de la république, la seconde passion de sa vie, son autre *delenda Carthago.* Ce fut l'an 585 de Rome (4) que Voconius Laxa, tribun du peuple, appuyé par Caton *voce magna et bonis lateribus,* proposa la loi à laquelle son nom est resté attaché. Le texte en est perdu, ainsi que la partie du 41ᵉ livre de Tite-Live qui y avait rapport, de sorte que, sur ce point important pour l'histoire des mœurs et de la législation romaine, le champ est resté ouvert aux conjectures.

Il ne faut pas oublier qu'un parti puissant, qui avait pour lui les sentimens de la nature et celui du progrès, qui avait déjà, lors de la discussion de la loi Oppia, relative à la répression du luxe des femmes, combattu avec succès les exagérations du vieil esprit romain, parti que j'appellerai celui des femmes, se retrouva en présence des auteurs de la loi, et qu'ils eurent à compter avec lui. Cette loi ne put donc être autre chose qu'une transaction. Il ne put s'agir de fermer absolument l'accès de la propriété aux femmes, puisque, des trois moyens

(1) « *Date frenos impotenti naturæ et indomito* ANIMALI ! » (Caton, dans Tite-Live, XXXIV, 2.

(2) «*Recensete omnia muliebria jura, quibus licentiam earum alligaverint majores nostri, per quæque subjecerint viris : quibus omnibus constrictas vix tamen continere potestis.* » (*Ibid.,* 3.)

(3) « *Si quisque nostrum jus et majestatem viri retinere instituisset, minus cum universis feminis negotii haberemus. (Ibid.,* 2.) — *Si exæquari ad extremum viris patiemini, tolerabiles vobis eas fore creditis ? Extemplò simul pares esse cœperint, superiores erunt.* »

(4) Je suis pour la date M. Giraud, *Mémoire,* p. 23.

de l'acquérir, les donations, les successions et les dispositions testamentaires, le premier était hors de question et d'ailleurs peu usité à Rome ; d'un autre côté, toucher directement aux successions *ab intestat* eût été trop vouloir et entraver l'ordre naturel et légal des transmissions dans ses dispositions fondamentales. On se borna donc à proposer des modifications importantes à la liberté de tester et à la faculté de recevoir par testament, relativement aux femmes. La loi Voconia fut faite, dit Montesquieu (*Esprit des lois*, livre 22), pour régler les richesses et non la pauvreté. Elle entendit priver les femmes des successions considérables, et non de celles qui ne pouvaient entretenir le luxe. *Commodiùs videbatur ità jura constitui ut* PLERUMQUE *hereditates ad masculos confluerent* (1). Telles sont les expressions dont se sert Justinien, et Aulu-Gelle confirme cette interprétation en qualifiant la loi *de coercendis mulierum hereditatibus* (*Noctes att.*, 20,1).

Ainsi donc, 1° la loi *Voconia* ne s'appliquait qu'aux successions testamentaires (2). 2° Elle ne s'appliquait pas à toutes ces successions. Quelles étaient celles auxquelles elle s'appliquait ? Dion et Gaius vont nous l'apprendre : « *Mulier*, dit le premier (lib. II, 274), *quæ ab eo qui centum millia æris census est per legem Voconiam heres institui non potest ;* » et le second : « Τῶν τε γυναικων τισι καὶ παρὰ τὸν Ουὸκωνειὸν νόμον, καθ' ὃν οὐδεμία αὐτῷ οὐδενὸς ὑπὲρ δύο ἥμισυ μυριάδας οὐσίας κληρονομειν ἐξῆν, συνέχώρησε τοῦτο ποιεῖν (liv. 56, 10). Il résulte

---

(1) *Instit.*, lib. III, tit. 2, § 3.

(2) C'est ce qui résulte évidemment des textes des auteurs anciens où il est fait allusion à cette loi : « *Legem tulit ne quis heredem mulierem instituerel.* » (*Epitom.*, Tit.-Liv., lib. 41.) — « *Sanxit.... ne quis heredem virginem, neve mulierem faceret.* » (Cicer. c. *Verrem*, II.) — « *Lata est etiam illa lex Voconia, ne quis heredem feminam faceret, nec unicam filiam.* » (Saint Augustin, *De civit. Dei*, lib. III, cap. 21.)

de ces deux textes combinés et de leur interprétation, soupçonnée par Perizonius et complétée par M. Giraud (1), que l'incapacité de disposer au profit des femmes ne s'appliquait qu'à ceux qui étaient inscrits sur le cens pour la somme de 100,000 as, et qui formaient précisément la première classe des *censi*. Mais dans cette mesure encore, elle contrariait trop ouvertement la libre disposition des biens et les sentimens naturels pour que son exécution ne rencontrât pas de difficultés. L'opinion publique ne tarda pas à s'élever contre elle, et Cicéron et S. Augustin prêtèrent à ces critiques l'autorité de leur nom (2). On ne se contenta pas de la critiquer, on chercha à l'éluder par tous les moyens. En vain fit-on jurer de l'observer (3), le droit du sang fit taire le droit politique.

Un premier moyen d'éluder la loi se rencontrait dans cette condition même du cens qui était exigée pour son application, soit que, dans l'intervalle d'un cens à l'autre, la fortune rapidement accrue n'eût pas été inscrite par les censeurs, soit que les pères, comme le dit Montesquieu, omissent absolument et de propos délibéré de s'y faire inscrire, pour pouvoir laisser leur succession à leur fille. Telle était la position d'Annius dont parle Cicéron (*in Verrem*, act. 2, lib. I, 41) : « *Is quum haberet unicam filiam, neque census esset, quod natura hortabatur, lex nulla prohibebat, fecit ut filiam bonis suis heredem institueret.* »

Mais ce moyen présentait bien des inconvéniens, et, sans entrer ici dans le détail des effets de l'inscription et de la non-

____

(1) Perizonii *Dissertatio*, p. 139. Giraud, *Mémoire*, 25 et suiv. M. de Savigny, dans sa *Dissertation* sur la même loi, n'adopte pas cette interprétation.

(2) « *Quæ quidem lex, utilitatis virorum gratiâ rogata, in mulieres plena est injuriæ.* » (*De republ.*, III, 10.)—« *Quâ lege quid iniquius dici aut rogari possit ignoro.* » (Saint Augustin, *loc. cit.*)

(3) Cicéron, *De finibus*, II, 17, 55.

inscription au cens, pour lequel on peut comparer Niebuhr et Montesquieu, il nous suffira de dire que le remède pouvait paraître à quelques personnes presque aussi fâcheux que le mal. Du désir toujours plus vif d'échapper autrement à cette loi odieuse naquit une institution juridique qui plus tard prit un grand développement, et se maintint avec un autre esprit, même après l'abolition de la loi Voconienne, nous voulons parler des *fidéi-commis*. « On instituait, dit Montesquieu, un héritier capable de recevoir par la loi, et on le priait de remettre la succession à une personne que la loi en avait exclue. Cette nouvelle manière de disposer eut des effets bien différens. Les uns rendirent l'hérédité, et l'action de Sextus Peduceus (1) fut remarquable. On lui donna une grande succession ; il n'y avait personne dans le monde que lui qui sût qu'il était prié de la remettre : il alla trouver la veuve du testateur et lui donna tout le bien de son mari.

Les autres gardèrent pour eux la succession, et l'exemple de P. Sextilius Rufus fut célèbre encore, parce que Cicéron l'emploie dans ses disputes contre les Épicuriens (2). « Dans ma jeunesse, dit-il, je fus prié par Sextilius de l'accompagner chez ses amis, pour savoir d'eux s'il devait remettre l'hérédité de L. Fadius Gallus à Fadia, sa fille. Il avait assemblé plusieurs jeunes gens avec de très-graves personnages, et aucun d'eux ne fut d'avis qu'il donnât plus à Fadia que ce qu'elle devait avoir par la loi Voconienne (3), etc. »

Cet exemple nous amène naturellement à parler du second point réglé par cette loi. Nous venons de parler de l'institution

(1) *De finibus*, 11, 16.
(2) *Ibid.*, 17.
(3) « *Nemo censuit plus Fadiæ dandum quàm posset ad eam lege Voconiâ contingere.* » V. les réflexions de Montesquieu à ce sujet (*Esp. des lois*, loc. cit.).

d'héritier , et l'on sait quelle était la portée de cette clause , puisque c'était la condition essentielle de la validité de tout testament. Mais la loi ne borna pas sa prévoyance aux transmissions opérées par cette voie ; elle l'étendit encore aux simples legs. On conçoit, en effet, que si on avait pu léguer autant que l'on aurait voulu , les femmes auraient pu recevoir comme legs ce qu'elles ne pouvaient obtenir comme succession. Il y eut donc dans la loi Voconia une seconde disposition générale dans ses termes , et qui semblait faite pour éviter que la succession ne fût tellement épuisée par des legs que l'héritière refusât de l'accepter ; mais qui , dans la pensée intime et véritable du législateur , avait pour but d'exclure les femmes des simples legs qui dépasseraient une certaine quotité (1). Les témoignages de Cicéron (2) , de Théophile (3) , de Gaius (4) et de Quintilien (5) sont unanimes sur ce chef de la loi , d'après lequel il y eut lieu à la réduction d'un legs toutes les fois qu'il dépassait la portion de l'héritier institué , sans que jamais la femme légataire pût avoir plus de la moitié des biens. Par conséquent nul ne put laisser par voie de legs à une femme plus de la moitié de son bien , à moins qu'il ne fût pas *census* , ou qu'il le fût pour une valeur inférieure à 100,000 as.

Voilà les deux dispositions connues, certaines, de la loi *Voconia*. Quelques auteurs ont cru qu'elle en renfermait une troi-

(1) Montesquieu, *Esp. des lois*, liv. **27**, et Giraud, *Mémoire*, p. 38.

(2) « *Quid, si plus legavit, quam ad heredem, heredesve perveniat, quod per legem Voconiam ei qui census non sit licet ?* » *Verrin.*, 1, 43. — V. aussi le passage *De finibus*, traduit plus haut.

(3) « Ἐτέθη ὁ βωκονιὸς νόμος, ὅςτις εἶπεν, μηδὲν πλέον λαμβάνειν τὸν λεγχταρίον τοῦ κληρονόμου. » (*Paraph.*, lib. ii.)

(4) « *Ideò posteà lata est lex Voconia quá cautum est ne cui plus legatorum nomine mortisve causá capere liceret, quàm heredes caperent.* » (ii, § 226.)

(5) *Déclamation* intitulée *Fraus legi Voconiæ* : « *Quæ lex tamen qualis est ? Ne liceat mulieri nisi dimidiam partem bonorum dare.* »

sième, ayant pour objet d'introduire dans la succession *ab in-testat* les mêmes restrictions de capacité que les deux autres avaient portées dans la succession testamentaire. Cette opinion, soutenue par Perizonius, Heineccius, tout récemment encore par M. Gans, et que Montesquieu lui-même semble avoir partagée, a été combattue par Cujas, Baudoin, Hotman, Savigny, et enfin par M. Giraud dans le *Mémoire* que nous avons cité. Ce qui a contribué à l'erreur des premiers, c'est l'influence incontestable que la loi Voconia a exercée sur la succession des femmes en général, et notamment sur les successions légitimes en ligne collatérale, influence qu'ils ont transformée en disposition expresse par une fausse interprétation du passage déjà cité de Paul : « *Idque jure civili Voconianâ ratione videtur effectum.* » Mais si la doctrine que nous adoptons laisse encore quelque obscurité dans certains cas, l'opinion contraire reçoit des démentis continuels de tous les textes et de tous les évènemens du droit de succession chez les Romains.

Il est difficile de dire au juste quand la loi *Voconia* fut abolie ou tomba en désuétude. Le passage de Dion Cassius, cité plus haut, et où il est dit qu'Auguste permit à certaines femmes de recueillir des héritages de plus de 100,000 as, ce qui n'était permis à aucune d'après la loi *Voconia* (1), n'impliquerait pas contradiction avec le témoignage d'Aulu-Gelle qui dit que de son temps (150 ans environ après Jésus-Christ), cette loi était *obliterata et operata civitatis opulentiâ* (2) ; mais ne s'accorderait pas avec ceux de Gaius (3) et de Pline le jeune (4)

(1) V. ci-dessus, p. 22. Un autre passage du même auteur, liv. LVI, paraît se rapporter à la loi Voconia, c'est celui où Auguste demande au sénat l'autorisation de laisser à sa femme Livie le tiers de son héritage : « Τοσοῦτον αὐτῇ καὶ παρὰ τὸν νόμον καταλιπεῖν δυνηθῆναι. »

(2) *Noct. att.*, xx, 1.

(3) V. ci-dessus, p. 22.

(4) « *Locupletabant et fiscum et ærarium non tamen Voconiæ et Juliæ*

qui semblent dire qu'elle était encore en vigueur au moment où ils écrivaient. Mais ces derniers textes ne sont pas suffisamment explicites dans ce sens; et nous allons prouver que bien avant ces deux auteurs, qui vivaient sous Trajan, Adrien et Antonin-le-Pieux, la loi *Voconia* avait cessé d'être appliquée, au moins dans quelques-unes de ses parties. D'abord Sénèque (1), dans le beau passage qu'il nous a conservé du plaidoyer de Montanus Votienus pour Galla Numisia, héritière *ex unciâ* de son père et accusée de l'avoir empoisonné, offre une preuve éclatante que l'ancienne prohibition « *ne heredem filiam faceret, nec unicam* » n'avait plus d'application. « *Unciam nec filiæ deberi, nec veneficæ. In paternis tabulis filiæ locus aut suus debetur, aut nullus. Relinquis nocenti nimium, innocenti parum; non potest filia tam angustè paternis tabulis adhærere, quas aut totas possidere debet, aut totas perdere.* » Pline le jeune lui-même cite dans ses lettres, et sans commentaire, plusieurs exemples de femmes instituées héritières : celui de Mundia Quadratilla qui avait laissé à sa petite-fille un tiers de son héritage (2) ; celui de Domitius Tullus qui avait institué sa fille et qui, ajoute l'auteur, *melior apparuit morte quàm vitâ* (3). Remontons jusqu'à Tibère : Valère Maxime nous parle d'un certain Tuditanus (4) connu pour sa folie, qui avait institué sa fille héritière. Les héritiers du sang voulurent faire annuler le testament ; mais les centumvirs, regardant à l'équité de la disposition plutôt qu'à l'état mental du testateur, en

leges, quàm majestatis singulare et unicum crimen....penitùs sustulisti. » (Panegyr., 42.)

(1) *Controvers.*, 28.

(2) *Lib.* VII, *epist.* 24.

(3) *Lib.* VIII, *epist.* 18.

(4) Lib. VII, cap. 8, ex. 1 : « *De Tuditano certæ et notæ insaniæ homine; testamento is filiam instituit heredem, quod Longus sanguine proximus hasta judicio subvertere frustrà conatus est,* »

maintinrent la validité. Supposera-t-on que tous ces individus se trouvaient au-dessous du cens fixé par la loi? Voici un exemple encore plus ancien et pour lequel cette explication ne paraîtra pas admissible. Il est tiré de Plutarque *(In Cat. min.)*. Cet auteur rapporte que Q. Hortensius fit son héritière, ἑαυτὸυ κληϱουόμον, sa femme Marcia, et il s'agissait d'un héritage considérable, χηρεύουσαν ἐπὶ χρήμασι πολλοῖς.

Quant à l'influence des lois Pappiennes sur la loi *Voconia* et à l'abolition graduelle des antiques sévérités contre les femmes par le droit commun des successions, nous ne pouvons mieux faire que de laisser parler Montesquieu :

« Les guerres civiles firent périr un nombre considérable de citoyens. Rome, sous Auguste, se trouva presque déserte ; il fallait la repeupler. On fit les lois Pappiennes, où l'on n'omit rien de ce qui pouvait encourager les citoyens à se marier et à avoir des enfans. Un des principaux moyens fut d'augmenter, pour ceux qui se prêtaient aux vues de la loi, les espérances de succéder, et de les diminuer pour ceux qui s'y refusaient, et comme la loi Voconienne avait rendu les femmes incapables de succéder (1), la loi Pappienne fit dans certains cas cesser cette prohibition.

» Les femmes, surtout celles qui avaient des enfans, furent rendues capables de recevoir en vertu du testament de leurs maris (2) ; elles purent, quand elles avaient des enfans, rece-

---

(1) On sait comment, dans le système que nous avons développé, il faut modifier ce passage et quelques autres que nous avons conservés, pour ne pas détruire l'ensemble des déductions de l'auteur qui sont généralement justes.

(2) Quintilien, *Instit. orat.*, ix, 2, nous apprend que, de son temps, l'épouse sans enfans ne pouvait être instituée héritière par son mari ; « *sed poterat huic decima matrimonii nomine relinqui.* » Observons à ce sujet que les lois Pappiennes, qui abolirent quelques-unes des prohibitions de la loi *Voconia*, en firent revivre quelques autres qui, sans cela, seraient tombées en désuétude avec l'ensemble de la loi.

voir en vertu du testament des étrangers ; tout cela contre la disposition de la loi Voconienne: et il est remarquable qu'on n'abandonne pas entièrement l'esprit de cette loi. Par exemple, la loi Pappienne permettait à un homme qui avait un enfant (1) de recevoir toute l'hérédité par le testament d'un étranger; elle n'accordait la même grâce à la femme que lorsqu'elle avait trois enfans.

» Il faut remarquer que la loi Pappienne ne rendit les femmes qui avaient trois enfans capables de succéder qu'en vertu du testament des étrangers; et qu'à l'égard de la succession des parens, elle laissa les anciennes lois et la loi Voconienne dans toute leur force. Mais cela ne subsista pas.

» Rome, abîmée par les richesses de toutes les nations, avait changé de mœurs ; il ne fut plus question d'arrêter le luxe des femmes... Les anciennes lois de Rome avaient commencé à paraître dures ; et les préteurs ne furent plus touchés que des raisons d'équité, de modération et de bienséance.

» ..... Les mêmes causes qui firent restreindre la loi qui empêchait de succéder, firent renverser peu à peu celle qui avait gêné la succession des parens par femmes. Ces lois étaient très-conformes à l'esprit d'une bonne république, où l'on doit faire en sorte que ce sexe ne puisse se prévaloir pour le luxe ni de ses richesses, ni de l'espérance de ses richesses. Au contraire, le luxe d'une monarchie rendant le mariage à charge et coûteux, il faut y être invité et par les richesses que les femmes peuvent donner, et par l'espérance des successions qu'elle peuvent procurer. Ainsi, lorsque la monarchie s'établit à Rome, tout le système fut changé sur les successions: les préteurs appelèrent les parens par les femmes au défaut des parens par

---

(1) « *Quod tibi filiolus, vel filia nascitur ex me*
Jura parentis habes ; propter me scriberis heres. »
JUVÉNAL, sat. 9.

mâles, au lieu que, par les anciennes lois, les parens par femmes n'étaient jamais appelés (1). » Justinien acheva , nous verrons sous quelle influence, d'effacer toute distinction entre les sexes et leur descendance, quant aux successions. «Il crut suivre la nature même , dit excellemment notre auteur, en s'écartant de ce qu'il appela les embarras de l'ancienne jurisprudence. » Voilà donc par quelles vicissitudes la législation romaine avait passé pour revenir, de la famille politique qu'elle avait construite péniblement à grand renfort de fictions légales, à la famille naturelle qu'il lui fallut reconnaître en définitive pour le chef-d'œuvre et le terme de la société !

Nous avons suivi la condition de la femme, particulièrement en ce qui a rapport à l'hérédité , à travers les transformations successives de la société primitive , enfin dans les gouvernemens les mieux policés de l'antiquité païenne; et comme la disposition de la fortune est l'acte principal de l'administration domestique , nous avons vu ses droits à cet égard s'étendre à mesure que la constitution sociale s'éloignait de l'état de famille. La propriété , nulle d'abord pour elle, commence par quelques dons mobiliers, s'accroît par l'établissement de la dot , se consolide plus tard par la possession de la terre , à laquelle semble se joindre, en certains cas, la souveraineté. Mais quand la femme arrive enfin , au défaut des mâles, à l'hérédité du patrimoine, la loi, jalouse, se hâte presque toujours de lui adjoindre l'homme pour profiter de cette bonne fortune ; elle ne veut pas que la terre, plus que le nom , suive la femme dans une famille étrangère. Rome prend d'autres moyens pour arriver au même but. Elle laisse plus de liberté aux successions légitimes, favorise les dots qu'elle proclame d'ordre public (2) ; c'est autour des dispositions testamentaires qu'elle accumule

(1) *Esprit des lois*, liv. 27.
(2) *« Interest reipublicæ dotes salvas esse. »*

les entraves. Mais , à Rome comme en Grèce , la civilisation marche, elle renverse une à une ces barrières impuissantes, et, à chaque pas que l'homme fait vers elle , la femme fait un pas vers l'égalité avec l'homme ; toutefois il faudra une révélation nouvelle pour qu'elle arrive à obtenir sa véritable place. Son importance sociale s'est accrue sans doute: l'enlèvement d'une femme soulève la Grèce contre Troie ; la mort d'une femme détruit à Rome la tyrannie des décemvirs ; c'est une femme enfin qui sauve la ville éternelle des fureurs de Coriolan, et Rome reconnaissante élève un temple à la *fortune féminine*. Mais, dans ces rapports entre les deux sexes, dans ces influences passagères de l'un sur l'autre, il n'y a ni délicatesse, ni égalité sociale. Dans le partage de la femme, on sent toujours l'octroi de l'homme, jamais la reconnaissance de droits égaux. Son action, bornée par la jalousie , ne s'étend guère au delà de l'étroite enceinte du harem ou du gynécée. Chose étrange ! une seule classe, chez les anciens, peut donner l'idée de l'influence des femmes dans les temps modernes , et cette classe est celle des courtisanes , comme s'il fallait s'affranchir des devoirs de ce sexe pour en exercer l'ascendant ! L'hétaïre vit dans la société des hommes d'État, des poètes, des philosophes , de tous ceux qui ont dans leurs mains le don de l'immortalité ; elle inscrit son nom dans l'histoire , et , après qu'elle a exercé une espèce de royauté pendant sa vie , sa tombe fastueuse s'offre des premières à l'étranger qui croit saluer le monument d'un héros , d'un des plus illustres citoyens de la république (1). Pendant ce temps, l'épouse obscure vieillit dans l'abandon et dans l'oubli. Les seules vertus qu'on lui permette sont celles dont les hommes et les courtisanes ne veulent pas. Une mère féconde, une ouvrière laborieuse , une ménagère discrète, tout au plus

---

(1) Telle était, suivant Dicéarque, l'impression que produisait généralement la vue de la tombe de Pythionice sur la Voie-Sacrée.

une agréable compagne du lit et de la table , voilà en définitive, malgré les différences de civilisation qui séparent l'Orient
de la Grèce et de Rome, voilà dans toute l'antiquité le type de
la femme accomplie. Voyez le portrait d'une bonne épouse
tracé par Salomon : « Elle fait elle-même ses tapisseries , ses
vêtemens sont de pourpre et d'or. Elle fait de beau linge et le
vend , et fournit des écharpes aux marchands. Elle ouvre sa
bouche avec sagesse et l'empire de la douceur est sur ses lè-
vres. Elle veille bien aux soins du ménage et ne mange pas le
pain de l'oisiveté. » Probité, beauté, chasteté, adresse à filer,
telles sont les vertus qu'un vieux Romain attribue à ce sexe ;
enfin Rome résume toute une existence de femme dans ces
mots : *Domum mansit , lanam fecit* (1) !

(2ᵉ partie.)

Après avoir fait la part de *l'antiquité* dans la question qui
nous occupe, il nous reste à rechercher, dans la formation des
sociétés modernes, les principaux élémens des faits qui seront
exposés dans les deux parties suivantes.

Les *mœurs germaines* et le *christianisme* changent la condition des femmes, *l'esprit féodal* change la condition de l'hérédité.

Ces trois élémens se résument dans les *lois barbares*.

(1) Je sais que l'authenticité de cette épitaphe est douteuse; mais elle n'en
est pas moins significative comme formule. En voici quelques autres, prises au
hasard dans Gruter et dans Muratori, et qui sont remarquables par la même
sobriété d'éloges. — *Conjugi bene merenti.* — *Fabiæ Januariæ omnium
feminarum castissimæ.* — *Conjugi rarissimi exempli cum quâ vixit* xxxii
sinè nullâ animi læsurâ. — *C. Martiæ conjugi meæ benè meritæ, quæ
cum multis sudoribus maturâ ætate vixit, virtuosè.* — *Cum quâ vixit
ann.* xxxv *sinè ullâ querelâ.* — *Cum quâ vixi ann.* xxv *sinè bile.* — On
trouve souvent gravés sur les sépulcres des femmes, en Grèce, un hibou, une
muselière et une bride, emblèmes des vertus de la femme : vigilance, discré-
tion, direction habile.

CHAPITRE PREMIER. — *Les mœurs germaines.*

Fille de l'Orient et mère de la civilisation européenne, la *Germanie* est le lien naturel entre *l'antiquité* et le *moyen âge.* Au milieu de traits particuliers à l'enfance des peuples, elle présente des germes féconds de régénération sociale. Ce n'est qu'un crépuscule sans doute, mais c'est celui qui précède le jour, et non celui que la nuit doit suivre. Ainsi, dans les *mœurs germaines,* telles qu'elles nous apparaissent dans l'éloquent pamphlet de Tacite, nous retrouverons des réminiscences du passé (1), mais plus encore des points de départ pour l'avenir.

La femme germaine est encore en tutelle, achetée à prix d'argent, vouée aux travaux domestiques et agricoles (2); mais déjà les mœurs ont introduit entre les deux sexes plus d'égalité pratique qu'en Orient, en Grèce ou même à Rome. Peut-être le climat, en tempérant les désirs de l'homme, amène-t-il dans les relations entre les deux sexes une austérité de mœurs impossible sous des cieux plus brûlans; quoi qu'il en soit, le respect pour les femmes (3) et pour l'unité du lien conjugal (4) distingue les Germains de tous les autres peuples barbares. Un sentiment inconnu aux anciens a pris naissance dans leurs forêts : épuré par le christianisme, propagé par la chevalerie, il traversera le moyen âge et formera le fonds de la galanterie moderne. Les conseils de ce sexe jusqu'alors méprisé sont devenus l'oracle de la paix, l'aiguillon du combat. Ces mots de Tacite : *Hi cuique sanctissimi testes, hi maximi laudatores,* ne font-ils pas penser au cri chevaleresque: « Ah ! si ma dame

(1) Par exemple Potgiesser, qui a si bien étudié les monumens historiques du Nord, dit, à propos de la vente des femmes : « *Illi mores ex Oriente in borealem plagam fuerunt adventi; non autem ibi inventi.* » *De statu servorum,* 1736, in-4°, p. 350.

(2) « *Delegatá domús et pacatuum et agrorum curá feminis.* » Tacit., *De morib. German.,* xv.

(3) « *Inesse quia etiam sanctum aliquid et providum putant.* » viii.

(4) « *Propè soli barbarorum singulis uxoribus contenti sunt.* » xviii.

me voyait ! » et n'y a-t-il pas une équité mêlée de courtoisie dans ces anciennes lois barbares qui punissent doublement les outrages faits à une femme, « parce qu'elle ne peut se défendre par la force des armes» (1) ? Les paroles mêmes dont se sert l'auteur romain pour exprimer cette communauté de périls et de travaux entre époux, cet égal partage des biens et des maux de la vie, «*venire se laborum periculorumque sociam, idem in pace, idem in prœlio passuram ausuramque.... sic vivendum, sic pereundum,* » rappellent d'une manière frappante la belle formule du mariage dans la liturgie anglicane : « *I take thee, from this day forward, for better, for worse, for richer, for poorer, in sickness, in health, to love and to cherish, till death us do part* (2). »

Cette influence des femmes se retrouve dans les nouveaux États fondés par la conquête germaine. On les voit paraître dans les parlemens gothiques et recevoir les hommages de la nation assemblée. Guillaume de Malmesbury mentionne (lib. II) un parlement tenu par le roi Edgar, où il fut assisté de sa mère Alfgina. Mathieu de Westminster (p. 423) parle d'une assemblée nationale où Canut se laissa guider par les avis de la reine Emma. Pendant la minorité des rois, elles obtenaient souvent le titre de régentes, ou du moins en avaient l'autorité sous le titre de tutelle. C'est ainsi que Frédégonde eut celle de son fils Clotaire II, Brunehaut de ses petits-fils Théodebert et Théodoric, Bathilde de son fils Clotaire III, etc.

Au milieu de ces respects, qu'on ne s'étonne pas de voir la femme dépendante encore et à peu près déshéritée. L'organisa-

(1) « *De feminis verò si aliquid de istis actis contigerit, omnia dupliciter componantur : et quia femina cum armis se defendere nequiverit, duplicem compositionem accipiat.* » *Antiqua lex Bajuvar.*, lib. III, tit. 30.

(2) Cette formule, où l'on découvre des traces de rhythme et d'allitération, remonte probablement aux anciens Saxons, et les paroles de Tacite ont une tournure sacramentelle qui pourrait porter à croire qu'il ne fait que traduire une formule germaine.

tion de la famille était la base de la société germaine. Tous les hommes libres formaient une association pour protéger leurs biens et leurs personnes. Le père ou l'ancien en était le chef naturel: les femmes et les enfans étaient sous sa tutelle *(mundium)* (1); filles, elles y restaient, et celui-ci pourvoyait à leurs besoins; mariées, elles passaient sous le *mundium* de leur époux et recevaient une dot qui les rendait indépendantes, en cas de prédécès de celui-ci, et de la famille qu'elles avaient quittée et de celle qui les avait reçues dans son sein. Les frères recevaient les femmes aux mêmes conditions que d'autres avaient reçu leurs sœurs, en sorte que c'était un simple échange et que la famille reprenait autant qu'elle donnait (2). Dès lors, on conçoit qu'il n'y avait pas lieu pour la femme à posséder séparément ni à transmettre la propriété, puisque d'une part le *mundium* paternel ou conjugal emportait la libre disposition des biens de ceux qu'il protégeait (3), et que de l'autre la dot pourvoyait aux besoins de la veuve pendant le reste de sa vie (4).

Cette dot offerte par le mari, si différente de la dot qu'apportaient à leur époux les femmes grecques et romaines, forme un trait trop caractéristique des mœurs germaines pour que nous ne nous y arrêtions pas un instant. Voyons d'abord ce qu'en dit Tacite: « *Dotem non uxor marito, sed uxori maritus offert. Intersunt parentes et propinqui ac munera probant... In hæc munera uxor accipitur.* » Eichorn pense (5),

(1) *Mundium vient* de *munt*, main, suivant Grimm, *Alterth.*, I, 447.

(2) Mignet, *Institutions de saint Louis*, 43 et 230.

(3) *Lex Burgund.*, addit., 1, 15 : « *Quæcunque mulier Burgunda voluntate suâ ad maritum venerit, jubemus ut maritus ipse facultate ipsius mulieris, sicut in eam habet potestatem, itâ et de rebus suis habeat.* »

(4) « *Ut vidua inde vitam pro dignitate toleraret.* » Heineccius, *Elementa juris germanici*, §486.

(5) *Staat und Recht Geschichte*, I, 338 et suiv. — Voy. aussi Gans, traduction de M. de Loménie, p. 33.

et cette explication nous parait la plus probable, que sur le prix payé par l'homme *(Kaufpreis, meta, pretium, wittemon, reippus)*, une partie formait la dot proprement dite *(dos, brautshatz)*, et l'autre revenait à celui qui avait le *mundium* et, de là, s'appelait quelquefois *mundium* elle-même (1). Dans l'origine, cette dot était toute mobilière et ne consistait guère qu'en présens d'une valeur plus ou moins considérable. Point de doute qu'alors elle ne devint la propriété de la femme (2). Mais bientôt ce ne fut plus seulement une partie du prix payé par l'époux, on la distingua des autres objets donnés à l'occasion du mariage (3) et l'on arriva à constituer en dot des biens fonds par acte écrit (4). Enfin ce fut l'accessoire nécessaire et caractéristique d'un mariage légitime (5). Dans ce dernier état de la dot, il est à la vérité encore question dans les formules (6) d'un transport de la propriété à la femme, mais elle ne la transmettait qu'à ses enfans et la perdait si elle convolait à de secondes noces. Si elle mourait sans postérité, les biens dotaux revenaient aux plus proches parens du mari (7); ainsi la femme n'en avait que la jouissance viagère. La *dot* germaine n'était autre chose que le *douaire* moderne (8).

Elle subsista long-temps sous cette forme en Allemagne où

---

(1) *Lex Burgund.*, tit. 66. — *Alamann.*, tit. 54. M. Ginoulhiac, dans un ouvrage qui a paru depuis la composition de notre mémoire , *Histoire de lu dot et de la communauté*, nous parait avoir établi fort nettement (p. 189) comment la *meta*, ancien prix du *mundium*, transformée et payée graduellement, non plus aux parens, mais à la femme, lorsque sa personnalité grandit, constitua la dot.

(2) *Alamann.*, 56, 1. *Burgund.*, 51, 3.

(3) *Ibid.*, 55, 1.

(4) *Ripuar.*, 57, 2. « *Si vir per seriem scripturarum uxori nil contulerit, si virum supervixerit, 50 solidos in dotem recipiat.* » Bignon, formul. 5.

(5) Marculf., *Adpend.*, n° 52. — Daniel, *Hist. de France*, I, 156.

(6) Lindenbrog, n° 75.

(7) *Alamann.*, 56, 1. — *Burgund.*, 62. — Sax., 8.

(8) Eichorn , I, 401 et suiv. — Ludwig, *De dote mariti.*

l'on en trouve de fréquens exemples jusqu'à la fin du xiii⁰ et au commencement du xiv⁰ siècle. Othon-le-Grand offrit en dot à son épouse Édith la ville de Magdebourg; Henri I⁰ʳ et Othon II donnèrent également des dots aux princesses qu'ils épousèrent; Henri II constitua en dot à son épouse Cunégonde la ville et le territoire de Bamberg (1). A l'époque que nous venons d'indiquer, le mélange du droit romain et du droit germanique amena une confusion dans l'usage relatif aux apports de chacun des époux, et, par suite, dans les termes qui servaient à les désigner. Dans un diplôme d'Albert 1⁰ʳ, cité par Leibnitz (2), ce que le duc Rodolphe son fils promet à la sœur du roi de France, sa future épouse, est désigné sous le nom de *dotalitium, donatio propter nuptias*, tandis que celui de *dos* est réservé pour désigner ce que le roi de France constitue à sa sœur. Il en est de même dans un contrat de 1299 cité par d'Achery (3). Au contraire, dans un diplôme de Casimir, roi de Pologne, de l'année 1305 (4), ce que le futur promet s'appelle *dot*, et ce qu'offre la future épouse, *donatio propter nuptias*. Ainsi, ce qui n'était d'abord qu'un pécule donné volontairement par les parens à la femme en la mariant, et dont le mari jouissait non comme propriétaire, mais comme tuteur usufruitier, *baillistre*, n'ayant presque rien de commun avec la dot romaine, devint, au commencement du xiv⁰ siècle et par suite de l'influence du droit romain, la dot moderne *(maritagium)* avec tous ses caractères, tandis que la dot maritale, l'antique dot germaine, dégénéra peu à peu en donation *propter nuptias, sponsalitium, douaire* (5).

(1) Heinecc., *Elem. jur. german.*, § 186. Quelquefois c'est le beau-père qui dote sa belle-fille: Marculf., 11, 15; Canciani, 11, 230, 231.

(2) Cod. diplom., i, 40.

(3) *Spicileg.*, viii, 259.

(4) Apud Ludwig, *Reliq. mᵘ.*, v, 592.

(5) Heinecc., *Elem. jur. germ.*, § 243. C'est par suite de cette ancienne

La dot était donc, avec le *Morgengabe*, ou présent du matin, et une portion des conquêts qui variait dans les différens codes, tout ce que la femme pouvait posséder en propre. Aux hommes revenait l'héritage proprement dit, avec les armes de famille, la vengeance des proches, le *Wehrgeld* et une partie du *Kaufpreis* ou *mundium*, tout cela dans le même ordre où la succession les saisissait, et la succession elle-même n'était qu'une suite de l'association de famille. Nous avons dit les causes qui en excluaient les femmes. Ajoutons ici que la terre appartenait dans le principe à la tribu et qu'on la distribuait annuellement à chacun suivant son importance (1). Ce n'était donc que par la guerre et la conquête que les particuliers arrivaient à se créer une propriété dont on croit reconnaître la première trace dans ce terrain clos que chacun, dit Tacite, laissait autour de sa maison, et qui peut-être fut d'abord ce qu'on appela chez les Francs la *terre salique* (2). Mais, à part la terre qu'elles ne pouvaient posséder par cette raison, les femmes, chez les Germains, joignaient quelquefois, à l'influence résultant de la vénération populaire, celle que donne la richesse, ou même l'exercice du pouvoir. Tacite en offre quelques exemples (3), et celui relatif au rôle politique que jouait la femme chez les Sitons est particulièrement remarquable (4).

confusion qu'en Angleterre la dot s'appelle encore *dower*. Il est peu question de la dot de la femme dans les lois barbares. Voy. cependant *Burgund.*, tit. 14, 4.

(1) « *Agri... ab universis in vices occupantur, quos mox inter se secundum dignitatem partiuntur. Arva per annos mutant.* » Tacit., *Germ.*, 26. — Cæsar, *lib.* IV, 1, *lib.* VI, 22. — « *Nec cultura placet longior annuâ.* » Horac.

(2) Tacit., 16 : « *Suam quisque domum spatio circumdat.* » V. Gilbert Stuart, *View of society*; et Montesquieu, liv. 18, chap. 22.

(3) Entre autres au chap. 19, où il dit que la femme dont la pudeur est soupçonnée ne pourra, malgré sa richesse, trouver un mari : *non opibus maritum invenerit.*

(4) « *Cætera similes, uno differunt, quod femina dominatur.* » Cap. 45.

Ainsi, chez ce peuple, les exclusions de la femme tenaient à la force des choses, à l'ancienne organisation de la société germanique, mais ses honneurs, ses prérogatives, à un sentiment nouveau et fécond en résultats, qui n'attendait pour porter ses fruits que le moment où le *christianisme* viendrait faire disparaître les restes de l'antique barbarie.

Chapitre II. — *Le christianisme.*

Il était réservé au christianisme d'achever l'émancipation d'un sexe trop long-temps opprimé et de replacer la femme dans sa véritable sphère de valeur spirituelle et de dignité morale. Le premier, il la présenta à l'homme comme sa compagne, et, sans lui attribuer un droit de domination qui n'est pas dans sa nature, il proclama hautement son égalité par la voix des apôtres et des pères de l'Église (1). Le premier, il vint imprimer un caractère religieux au mariage qui n'était qu'une institution civile (2). En rétablissant l'union conjugale sur ses véritables fondemens, en combattant la répudiation arbitraire, la polygamie, la réclusion des femmes, le concubinat, il fit tomber autant de barrières qui leur fermaient l'accès au droit de propriété, au droit de succession. Brisant

(1) Parmi les inégalités que l'apôtre avait mission d'effacer, il n'oublie pas celle du sexe : « Vous êtes tous enfans de Dieu par la foi en Jésus-Christ..; il n'y a plus maintenant ni de juif, ni de gentil, ni d'esclave, ni de libre, ni *d'homme, ni de femme,* mais vous n'êtes tous qu'un en Jésus-Christ. » Saint Paul *ad Galat.*, c. 3, v. 26 et 28. — « La soumission de la femme, dit saint Chrysostôme, est celle d'une personne libre, égale à l'homme par le rang qu'elle occupe. » *Oper.*, t. x, 229, et t. xi, 419. —« Pour les chrétiens, dit saint Jérôme, l'acte illicite aux femmes est également illicite aux hommes ; d'un côté et de l'autre, même servitude, mêmes devoirs. »

(2) Déjà du temps de Tertullien, l'usage était de bénir les mariages dans l'assemblée des chrétiens. Voici comment cet auteur parle de l'union conjugale : « Deux fidèles portent le même joug, ils ne sont qu'une même chair, un même esprit, ils prient ensemble, ils jeûnent ensemble, ils sont ensemble à l'église, à la table de Dieu, dans les traverses et dans la paix.

la vieille famille orientale et barbare organisée selon la race et les castes, et ramenant à l'état normal la famille romaine dénaturée par les fictions politiques, il les reconstruisit sur les nouvelles bases de l'association et de la fraternité.

Sans doute ces principes, comme on l'a fait observer (1), ne passèrent pas aussitôt de l'Évangile dans les codes avec toutes leurs conséquences. Le christianisme n'a pris pleine possession de la société civile que dans le moyen âge, lorsque les vieilles races ont été rajeunies par le mélange d'hommes nouveaux. Avant ce temps, il a plutôt transigé avec la société qu'il ne l'a dominée. Néanmoins la lumière de l'Évangile éclaira de ses premiers rayons la décrépitude de l'empire et brilla sur le berceau du monde nouveau qu'elle devait plus tard pénétrer tout entier. Une des premières traces que nous trouvions de l'influence du christianisme dans la législation romaine est la succession de l'époux pauvre établie par les *Novelles* 53 et 117. Dans l'ancien droit, le mariage, comme nous l'avons dit, ne tenait que le dernier rang, et le cognat le plus éloigné excluait l'époux. Ce que le mariage n'avait pu obtenir par lui-même, une loi fondée sur des circonstances étrangères le lui assura sous le christianisme. La *Novelle* 53 donna à l'époux survivant pauvre, lorsque le prémourant était riche, le quart de la succession, même en concurrence avec des enfans. La seconde eut pour objet spécial de protéger la veuve pauvre et non dotée. Elle lui donna le quart s'il y avait trois enfans ou moins, et une portion virile s'il y en avait davantage; mais en usufruit seulement si les enfans étaient issus d'elle, et en pleine propriété s'ils étaient d'un autre lit. Le même droit n'était point accordé à l'époux survivant, parce

(1) *De l'influence du christianisme sur la condition des femmes dans la société romaine*, mémoire lu à l'*Acad. des sc. mor.*, par M. Troplong.

qu'il lui était attribué d'ailleurs une part virile avec les enfans, dans l'usufruit des biens maternels (1).

Bientôt toutes les exclusions des femmes et de leur postérité tombèrent une à une devant la même influence. La loi 15 Cod., *De legit. hered.*, § 1, 2 et 7, admit le concours sur le pied de l'égalité des frères et sœurs émancipés avec les non émancipés; déclara les femmes habiles à succéder au delà du degré de *consanguineæ*, et donna même aux frères et sœurs utérins le droit de consanguinité. Dans la *Novelle* 84, la cognation est présentée pour la première fois comme source par elle-même d'un droit de succession; elle n'oppose plus les utérins aux consanguins, mais les germains à ceux qui ne sont frères que d'un côté; et les consanguins, au lieu d'être, comme auparavant, préférés aux utérins, ne forment avec eux qu'un degré secondaire, et ne sont appelés qu'après les germains. Enfin la *Novelle* 118 renversa complètement l'ancien système de succession, en appelant au premier ordre et en règle générale les descendans légitimes jusqu'à l'infini, par l'influence seule du lien du sang.

Elle établit trois ordres d'héritiers, les descendans, les ascendans, les collatéraux, sans aucune distinction entre les mâles et les femelles, entre les parens par femmes et les parens par mâles, et abroge toutes celles qui restaient à cet égard. Ainsi voilà cette antique différence entre les agnats et les cognats anéantie, confondue dans l'idée générale de parenté, et le caractère romain de la famille, organisée d'après la *puissance paternelle*, aboli par la loi chrétienne. En proclamant ces maximes si nouvelles d'égalité entre les deux sexes, Justinien proclame aussi hautement l'inspiration sous laquelle il agit (2).

(1) Loi 3 Cod., *De bonis maternis.*
(2) « *Quarè naturam offendimus et legitimo juri derogamus ?.... Cum natura utrumque corpus ediderit, ut maneat suis vicibus immortale, et*

Parmi les codes barbares, nous voyons ceux qui furent rédigés avant l'introduction du christianisme maintenir l'exclusion ou l'infériorité légale d'un sexe vis-à-vis de l'autre, tandis que les derniers en date se rapprochent de plus en plus des principes d'égalité prêchés par l'Évangile. La loi salique, la plus ancienne, est aussi la plus rigoureuse envers les femmes (1) ; la loi lombarde, romaine et chrétienne, parle la première en termes précis, sous les noms de *faderfium*, *maritagium*, de la dot proprement dite constituée par les parens ou les frères au profit des filles, et considérée comme un avancement d'hoirie. Enfin celle des Wisigoths, l'une des plus récentes, admet les filles à partager également l'hérédité avec les mâles, disposition qui est à elle seule une révolution sociale.

En Scandinavie, où les bienfaits du christianisme ne se firent sentir que tard et où l'esclavage ne fut aboli qu'à la fin du XIIIe siècle, la femme était réduite à un tel état de dégradation qu'elle ne pouvait ni hériter, ni tester, ni vendre, ni acheter ce qui excédait la valeur de 4 sols. A mesure que les préceptes de l'Évangile pénétrèrent dans les mœurs, elles furent relevées de cette interdiction. Enfin on accorda aux filles une

uno semoto et alterum corrumpatur... propter hoc solùm puniri, quòd feminæ natæ sunt, et paterno vitio (si hoc vitium est) prolem innocentem gravari ! » Cod., *De legit hered.*, l. 14. — « *Hæc omnia quæ de successionibus generis sancivimus, obtinere in illis volumus qui catholicæ fidei sunt, in hæreticis enim jàm à nobis positas leges firmas esse præcipimus, nullam novitatem aut immutationem ex præsenti introducentes lege.* » Novell. 118, cap. VI.

(1) Il y a bien le titre 58, *De incendio ecclesiæ*, etc. ; mais la rédaction primitive était païenne. La préface (dans Bouquet, *Rec. des hist.*, IV, 123) dit positivement : « *Quæ erant secundùm consuetudinem paganorum mutata sunt secundùm legem christianorum.* » — C'est surtout dans la *Novelle* 21, qui, du reste, n'a pour objet que d'appliquer aux Arméniens le nouveau système de succession, que Justinien s'exprime avec toute la ferveur et quelquefois l'emphase d'un néophyte ; « *Armeniorum*

portion dans les hérédités, et le sexe féminin rétabli dans ses droits dut ce bienfait au christianisme (1). Quand un père, dans Marculfe, veut déroger à l'ancienne rigueur de la loi salique et appeler sa fille à sa succession, c'est au nom de la religion nouvelle, c'est en qualifiant d'impie l'antique coutume de ses pères : « *diuturna sed impia consuetudo.* » C'est au nom de ces mêmes idées germaines et chrétiennes que plus tard la chevalerie, ce spiritualisme de la féodalité, tempérera, par le culte de la femme, l'âpreté de ses mœurs de fer.

En présence de tant de bienfaits, faut-il s'étonner que tant de Clotildes aient courbé sous le joug de la croix leurs barbares époux, et que les femmes émancipées par le christianisme aient été les plus ferventes propagatrices de cette religion, si conforme du reste à leur nature tendre et enthousiaste, de cette religion qui a dit : « Là où il n'y a pas de femmes, le pauvre gémit; » — « Il lui sera beaucoup remis, parce qu'elle a beaucoup aimé, » etc., et tant d'autres panégyriques de l'amour, de la faiblesse et de la charité ?

Chapitre III. — *L'esprit féodal.*

J'ai montré comment l'esprit du christianisme et celui des mœurs germaines concouraient merveilleusement à relever la femme de la déchéance dont l'ancien monde l'avait frappée;

regionem bene legibus gubernari voléntes et nihil ab aliâ nostrâ differre republicâ .. existimavimus expressâ lege oportere illud quoque corrigere quod malè apud eos delinquebatur, et non secundùm barbaricam gentem virorum quidem esse successiones tàm parentum quàm fratrum et alterius generis, mulierum verò nequaquàm, neque sine dote eos ad viros venire et emi à maritis futuris, quod barbaricè hactenùs apud eos servabatur, non ipsis solummodò hæc ferociùs sentientibus, sed etiam aliis gentibus ità exhonoràntibus naturam et femineum injuriantibus genus, tanquàm non à Deo sit factum, nec serviat nativitati, sed tanquàm vile exhonorandum et extrà omnem competentem honorem. » Præfat.

(1) Grégoire, *De l'influence du christianisme sur la condition des femmes,* p. 25.

mais l'esprit féodal (et non pas la féodalité proprement dite, qui n'exista que long-temps après comme système régulier, comme loi positive), l'esprit féodal, disons-nous, ce troisième élément des sociétés modernes, vint combattre sur ce point l'influence des deux autres en constituant sur de nouvelles bases le droit de propriété, et par suite celui de succession.

Si l'on pénètre dans l'essence de la société barbare teuto-gothique, on reconnaît que la possession de la terre était la condition indispensable de la liberté de la personne, qu'elle exprimait son état, et qu'enfin la personne et la propriété étaient unies par un lien si intime que, non-seulement l'une n'allait pas sans l'autre, mais que toutes deux se confondaient pour ainsi dire. Ce caractère de la propriété terrienne, si opposé à celui de la propriété chez les Grecs, chez les Romains et dans l'antiquité en général, est le principe du droit germanique et la base du droit féodal. Les Romains ne considèrent la propriété qu'en elle-même, c'est-à-dire que comme un rapport de la personne à la chose ; c'est pourquoi ils ne peuvent attribuer au propriétaire ni des droits personnels, ni des obligations de même nature ; car imposer des obligations à quelqu'un par cela seul qu'il est propriétaire, ou lui conférer des droits au même titre, ce serait élever la propriété au-dessus de l'acception propre et l'introduire dans une sphère d'autres rapports, tels que ceux qui concernent la famille, le corps politique et le gouvernement. La propriété, chez les Germains, a cela de distinctif qu'elle est non-seulement une possession, mais qu'elle se rattache à la société, à l'État. De là naissent différentes sortes de propriétés ; de là la distinction entre la propriété immobilière et la propriété mobilière, et l'importance de la première : toutes choses inconnues chez les Romains.

On suppose généralement que, dans les sociétés naissantes,

aucune règle ne préside au partage des biens; que la terre est au premier occupant, et que le droit du plus fort est le seul que reconnaissent les hommes. Soit qu'il y ait erreur dans ce système, soit que les peuples appelés *barbares* d'après les Romains, qui désignaient ainsi tout ce qui n'était pas eux, fussent, comme cela paraît évident, déjà en progrès sur l'état que ce nom semblerait désigner, une lecture attentive de César, de Tacite et des lois postérieures à ces deux écrivains, convaincra que, chez ces peuples, les terres nouvellement occupées étaient considérées comme appartenant à toute la société envisagée comme un être moral, que représente le gouvernement dans les temps modernes; que la part de chaque membre n'était point arbitraire, mais fixée en assemblée publique, et qu'ainsi toutes les propriétés étaient dépendantes de la nation ou de l'État. Ce droit qui fait dépendre de l'État les propriétés privées a traversé quatorze siècles et s'est établi en Europe comme la loi fondamentale des États modernes. Il a servi de base à la disposition en vertu de laquelle tous les rois germains, lors de la conquête des provinces romaines, ont été considérés comme les hauts propriétaires des terres occupées; c'est ce droit qui, en partie, a sauvé les États de l'occident de leur ruine au temps de la féodalité; dans l'ordre administratif, c'est la source de la loi moderne sur l'expropriation. Jules César, et Tacite qui écrivait environ un siècle après, sont d'accord sur l'usage de partager les terres (*voyez* plus haut). Enfin, lors de l'établissement des divers États dans l'empire romain, la propriété foncière apparaît déjà comme définitivement établie et réglée sur le même système général. Fondé par la victoire, a-t-on dit, le gouvernement féodal ne pouvait subsister que par la force. De là l'organisation de la propriété sur le pied de guerre. Les terres furent données aux uns à charge de commander, aux autres à charge d'obéir, à tous à charge de combattre. Cela est vrai, sans doute, mais cela n'est pas toute la vérité. Des causes plus intimes et plus anciennes, celles que nous venons d'exposer, amenèrent la nouvelle constitution de la propriété. Les Germains, lorsqu'ils prirent possession des provinces romaines, se conformèrent, quant à la distribution des terres, à un usage établi depuis long-temps parmi eux; autrement on ne s'expliquerait pas la marche absolument semblable suivie par toutes les peuplades conquérantes. Un territoire était-il envahi, tout le peuple, c'est-à-dire le gouvernement, dépouillait les Romains de leurs terres, et les distribuait par la voie du sort entre tous les citoyens libres. Mais les terres ainsi morcelées n'étaient pas pour cela des propriétés privées dans un sens absolu; elles dépendaient de la société, comme en témoignent les charges dont elles étaient grevées; par exemple l'obligation de la défense, l'interdiction à tout particulier de vendre son bien (1), et enfin la disposition légale qui faisait retourner au roi les terres abandonnées par leurs maîtres (2) : de cette manière, ces propriétés revenaient à leur source, au gouvernement, dont le roi était le représentant (3).

Cette origine de la propriété privée une fois admise, il devient facile de déterminer la cause du caractère politique, lequel n'apparaîtra plus, selon l'opinion de quelques auteurs, comme résultat du hasard, mais comme nécessaire et amené par la force des choses. Or, comme la société naît du besoin qu'ont les hommes de se procurer sécurité et défense, dans le partage des terres qui appartiennent à la société, les coparta-

(1) *Lex. Burgund.*, tit. 84, 1, 2, 3.

(2) *Historia Eliensis ecclesiastica*, 1, 1 : « *Sicque postèa per destitutionem, reyiæ sorti, sive fisco idem locus additus est.* »

(3) L'ancienne expression germanique *holdere* ou *haldere*, conservée dans les mots anglais *freehold*, *freeholder*, indique une propriété subordonnée à une autorité supérieure, octroyée.

geans ne pouvaient être que des hommes en état de défendre et leur personne et la société elle-même (1). Le droit de défense, ainsi qu'on l'a déjà vu, n'était conféré qu'à des individus libres : ces derniers seuls étaient donc habiles à posséder des propriétés indépendantes, ou, ce qui revient au même, la propriété indépendante était, de fait et comme telle, le signe et la condition qui établissaient qu'un individu était libre. Mais la propriété libre devait recevoir une sanction, être déclarée transmise par le fait d'une assemblée du peuple, et celui-là seul pouvait être propriétaire qui jouissait de tous les droits de citoyen, en un mot qui était citoyen complet, s'il est permis de s'exprimer ainsi. En d'autres termes encore, la propriété libre donnait au possesseur une signification politique, elle l'introduisait dans la sphère de la nationalité, de l'État.

Ainsi, la propriété civile et la propriété politique se tiennent intimement à la naissance et dans la rigueur du régime féodal. Toutes les règles qui s'appliquent à la transmission de l'une s'appliquent à la transmission de l'autre, et ne se séparèrent que plus tard, lors de l'affaiblissement du droit féodal et de la renaissance du droit civil.

Nous venons de voir les différences profondes qui distinguent la propriété germaine de la propriété romaine. La succession latine et la succession féodale ne diffèrent pas moins entre elles. Le droit romain se préoccupait principalement de la personnalité du père de famille; le droit féodal tenait pardessus tout à conserver la splendeur et les biens de la famille, ou plutôt *la famille* elle-même, comme il le disait énergiquement. Dans le premier, le possesseur actuel des biens pouvait

(1) La propriété libre, telle que nous venons de la définir, s'appelait *wero*, ou *were*; la réunion des droits qui y étaient attachés, la faculté de les exercer, *yewere*, du mot gothique *varjun*, défendre. Philipps, *Deutsche Geschichte*, I, 98 et 151.

en disposer à son gré : *Paterfamilias uti legassit, ità jus esto;*
il n'était lié par aucune destination antérieure ; il pouvait les
transmettre dans leur ensemble, comme il aurait pu les aliéner,
les fractionner selon son bon plaisir, et quand la loi, à son défaut, venait en régler la transmission, c'était encore d'après
sa volonté présumée, c'était en rapportant à lui, et à lui seul,
le bienfait de l'hérédité et les droits de l'héritier. La succession
féodale, au contraire, assurait d'avance, *à priori*, et indépendamment de la volonté exprimée ou présumée du dernier
mourant, la dévolution nécessaire, intégrale, indéfinie, des
biens de famille ou du moins de ceux de ces biens qui représentaient plus particulièrement la force et la durée de la famille. Ici c'est le propriétaire primitif (*primus adquirens*),
c'est-à-dire l'État, d'après les règles que nous avons exposées
plus haut, ou tout au moins un individu investi de l'autorité publique, qui fait d'avance la loi sur les transmissions ultérieures ;
c'est de lui que les possesseurs futurs tiendront à jamais leurs
droits; les successeurs intermédiaires ne sont que des instru-
mens, des dépositaires qui ne peuvent rien innover à l'ordre
préétabli. Ainsi le père de famille ne saurait changer la destination de la chose féodale. Ses prédilections ni ses antipathies n'y
peuvent rien. Le sentiment de la nature qui nous fait aimer également tous nos enfans, et nous les fait préférer, quel que soit
leur sexe, à des parens plus éloignés, devra se taire en présence
de cette règle inflexible : *la conservation de la famille !* Ainsi
s'expliquent et l'exclusion des femmes, et le droit de primogéniture, et les substitutions, moyens divers d'arriver à un
but unique. Ces motifs se trouvent renfermés dans le passage
suivant d'un feudiste : « *Dominus, qui feudum dat, eligit
familiam, sanguinem, stirpem generosam, nihilque minùs
velle creditur quàm ut ad feudum admittantur qui seorsim
à familiâ nascuntur. Femina autem nubendo familiam*

claudit, atque in alienam transit, undè et caput et finis fa-
miliæ suæ dicitur. » D'ailleurs, il y avait un autre axiome
qui disait : *Beneficium datur propter officium.* Or, *officium,*
c'était le service à la guerre, l'assistance dans la cour féodale,
le *faida* ou droit de vengeance, etc., toutes choses dont les
femmes étaient regardées comme incapables.

Telle fut la tyrannie de ce système que, fait d'abord seulement pour régler la transmission des terres, et coexistant avec
la succession civile ordinaire, il envahit peu à peu ce qui était
en dehors de sa destination primitive, et menaça d'absorber
l'hérédité tout entière.

Les principes de la propriété germaine et ceux de la succession féodale s'accordaient si bien pour exclure les femmes
que tout, dans les élémens du système, jusqu'à son vocabu-
laire primitif, se rapporte exclusivement à l'homme. Le mot
qui exprime un des premiers degrés de la hiérarchie, *baron,*
ber, n'est autre chose que le *vir* des latins. Ceux qu'on appela
depuis *vassaux,* de l'islandais *vask,* brave (1), sont nommés
dans la loi salique les *hommes* sous la foi du roi. La première
condition de l'investiture, c'était l'*hommage.* Or, « *hommage,*
dit un ancien traité des fiefs (2), est jurer de estre *homme.* »
Littleton nous en a conservé la formule qui est ainsi conçue :
« Je deviens votre homme lige de ce jour en avant, de vie, de
membres, de terrestre honneur. » On fut obligé de la changer,
ainsi que quelques parties du cérémonial de l'investiture,
quand les femmes vinrent à la succession des fiefs : « Car il
n'est mie convenable, dit le même auteur, que la femme die

(1) L'auteur du *Roman du Rou* emploie le mot vassal en ce sens, lorsqu'il
dit que Taillefer chantait :

> Et d'Olivier et des vassaux
> Qui moururent à Roncevaux.

(2) *Beau traicté des fiefs en Flandres,* Gand, 1839, in-8°, p. 39.

au seigneur : Je deviens vostre femme, etc. » Et la vassale, au lieu de baiser le seigneur à la bouche, se contentait de tenir ses mains jointes entre les siennes (1).

Voilà l'esprit féodal dans sa rigueur primitive. Il faudra qu'il s'atténue par le frottement des deux élémens contraires, pour que la femme, rejetée si loin, finisse par prendre sa part de l'héritage, ce banquet du fort et du guerrier.

Chapitre IV. — *Les lois barbares.*

Dans presque tous les États de l'Europe, les lois romaines avaient précédé les lois barbares ; dans quelques-uns, elles se soutinrent concurremment avec ces dernières. Ainsi l'on suivait le Code théodosien dans la Gaule ; le *Breviarium* d'Alaric

(1) C'est dans cette forme, appelée *homagium manuale*, qu'en 1247 Mathilde, comtesse de Nevers, fit hommage à l'évêque de Chalons pour plusieurs villages qu'elle tenait de lui. Pérard, *Histoire de Bourgogne*, p. 448. Charles Dumoulin fait la remarque suivante sur l'art. 3 de la *Coutume de Paris*: « *Vidua vasalla præsens obtulerat fidem et homagium. Posteà dominus cavillabatur, quòd non obtulerat, seu speciatim præsentaverat osculum et manus ; oblationem validam judicatum fuit.* » On trouve dans l'*Histoire généalogique de la maison de Vergy*, preuves, p. 155, la formule de l'hommage prêté vers 1274 par Alix, duchesse de Bourgogne : « *Juravi carissimo domino meo Philippo, Francorum regi, quòd bonum et fidele faciam ei servitium contrà omnes homines et feminas qui possunt vivere et mori, et quòd cum nullo contraham matrimonium, nisi de assensu et voluntate domini regis.* » Cette promesse, de ne pas contracter mariage sans le consentement du seigneur, était une clause fort ancienne. On lit dans la vie de Sainte-Godeberte, sous Clotaire II (*apud* Duchesne) : « *Parentes ejus, cùm essent regis beneficiarii, non audebant inconsulto rege eam in matrimonium cuiquam collocare.* » Mais ce qui n'était d'abord qu'un acte de déférence devint, lors de l'hérédité des fiefs et de leur dévolution aux femmes, une règle rigoureuse, dont l'infraction était punie par l'amende, et même quelquefois, comme dans les *Assises de Jérusalem*, par la confiscation du fief. On conçoit, en effet, l'intérêt du seigneur à surveiller, et quelquefois à imposer le choix d'un époux qui devenait son feudataire. C'est ainsi que Napoléon aimait à marier les riches héritières à ses généraux. V. Chateaubriand, *Étud. hist.*, III, 378.

chez les Goths; et si le droit romain disparut en grande partie dans le nord de la France devant la loi salique, en Espagne devant celle des Wisigoths, il se conserva à l'est et dans le midi de la France avec les lois gothiques et bourguignonnes, en Italie avec celles des Lombards (1). Nous connaissons le dernier état de la législation romaine; nous passerons donc immédiatement aux lois barbares en ce qui touche la succession des femmes. Mais remarquons d'abord que l'hérédité légitime était seule dans l'esprit primitif de ces lois : « *Heredes successoresque*, dit Tacite, **XX**, *sui cuique liberi, et nullum testamentum. Si liberi non sunt, proximus gradus in possessione fratres, patrui, avunculi.* » Les formes rares et confuses de dispositi ns testamentaires, de donations à cause de mort, que l'on y rencontre (2), sont d'importation romaine et ne s'y sont introduites que par surprise (3). Plus tard le testament se régularisera, soit par l'addition d'une clause pénale contre les héritiers qui se refuseraient à exécuter la volonté du donateur (4), soit par les formes minutieuses et solennelles dont on s'efforcera de l'entourer (5), mais le droit coutumier conservera des traces de l'ancienne anti athie germaine pour les actes de dernière volonté, et le testament n'y occupera qu'une place secondaire. D'abord par la maxime : Institution d'héritier n'a lieu, il s'y trouvera dépouillé de son principal attribut et n'aura plus rien qui le distingue du codicille. Non-seule-

(1) Voyez Montesquieu, liv. 28, chap. iv et suiv., et tout l'ouvrage de Savigny.

(2) Nous citerons comme exemples les titres 48 de la *loi salique* et 51 de la *loi ripuaire de ofatamiâ de nilhrumire*, et surtout le partage amiable des biens entre les enfans chez les *Burgondes* (tit. 51), qui paraissent remonter à une haute antiquité.

(3) « *Adversùs morem veterum usurpare velle cognovimus.* » Burgund., tit 60.

(4) Marculf., *Formul.*, ii, 7 ; Canciani, 2, 227.

(5) *Ed. Theodo.*, c. 72 ; Marculf., ii, 37 ; *ibid.*, 17 ; Canciani, ii, 232.

ment on ne pourra disposer que d'une certaine partie de ses propres, d'un cinquième, d'un quart, ou d'un tiers, mais encore, à défaut de propres, les meubles et les acquêts prendront cette qualité et dès lors ne seront plus transmissibles au gré du testateur (1).

1° La loi des Angles et des Warnes ou Thuringiens se présente la première. Plus exclusive que les autres, elle explique mieux les motifs de ses exclusions. La fille est exclue de la terre en général, ou du moins elle ne vient qu'après le cinquième degré de la ligne mâle. Faut-il s'en étonner ? à la transmission de la terre sont attachés le vêtement de guerre, la vengeance des proches et la composition de l'homicide. Ici nous apparaît nettement cette distinction que nous retrouverons dans les autres codes et surtout dans celui des Burgondes : il y a des choses *masculines* et des choses *féminines*; ce que les anciens germains appelaient *heergewettes*, *expeditoria* et *gerade*, *utensilia* (2). Dans la succession paternelle, la fille prenait l'argent et les esclaves; dans celle de la mère, elle devait se contenter des bijoux et des ornemens à son usage.

2° Dans l'article fameux et si souvent cité de la loi salique, remarquons d'abord une singularité qui n'a pas échappé à Montesquieu. A défaut de père et de mère, de frère et de sœur, l'hérédité de l'homme mort sans enfans appartient d'abord à la sœur de son père, puis à celle de sa mère, sans qu'il soit question du frère comme dans l'article correspondant de la loi ripuaire; et pourtant le paragraphe suivant appelle les plus proches de la ligne paternelle. Ainsi, comme le dit très-bien

(1) Gans, *Hist. du dr. de succ.*, traduit par M. de Loméhie, p. 184 et 211.
(2) On trouve un exemple de la même distinction dans un passage de Burchart, évêque de Worms, cité par Bignon dans ses *Notes sur Marculfe* : *Si ex familiâ vir aliquis et uxor ejus obierit, et filium cùm filiâ reliquerit, filius hereditatem servilis terræ recipiat, filia autem vestimenta matris et pecuniam operatam recipiat.* »

Montesquieu (1), dans les deux premiers degrés de succession les avantages des mâles et des femelles étaient les mêmes; dans le troisième et le quatrième les femmes avaient la préférence, et les mâles l'avaient dans le cinquième; et il trouve la cause de cette espèce d'anomalie dans la prédilection que les Germains avaient pour l'enfant de la sœur. Wiarda, il est vrai, attribue le silence que garde la loi sur les oncles paternels du défunt à l'évidence de leur droit et à l'inutilité d'une mention spéciale (2); mais, bien qu'adoptée par Gans (3), cette interprétation nous paraît absolument inadmissible. On ne confère pas des droits héréditaires par voie d'induction. Ainsi que l'a remarqué M. Pardessus, la *versio emendata* appelle en troisième lieu les sœurs du père, et en quatrième les sœurs de la mère, tandis que les textes qui passent pour antérieurs : ceux d'Eccard, de Schilter, de Feuerbach, les manuscrits de Paris 4404 *anc. fonds, et* 65 *supplém. latin*, présentent l'inverse : ils appellent les sœurs de la mère avant les sœurs du père (4).

Quoi qu'il en soit de ces différences, que dans l'état imparfait des textes il ne faut peut-être pas se hâter d'expliquer par des intentions systématiques, la fille est exclue *de la terre salique* en termes absolus et non équivoques. Aucune parcelle ne doit lui en revenir. On est assez généralement d'accord maintenant que ces mots si controversés ne désignent ni une terre concédée pour un service public, ni un lot de terres conquises (5), mais l'héritage en biens fonds, le domaine pa-

---

(1) Liv. 18, chap. 22.

(2) *Geschicht. des sal. gesetz*, p. 258.

(3) Trad. de M. de Loménie, p. 63.

(4) Article sur l'ouvrage de Savigny, dans le *Journal des savans* de janvier 1840.

(5) La première interprétation se repousse par la rubrique *De alode*, qui désigne la terre patrimoniale, et la seconde par le § 5, tit. xiii, *Burgund.*, qui prouvent que le *sors* pouvait quelquefois échoir aux filles.

ternel chez les Francs saliens (1). Est-ce à dire que toute terre patrimoniale, *alodis,* était *salique,* et partant interdite aux femmes ? Nous ne le pensons pas. La *terre,* dans la loi des Thuringiens, pouvait échoir aux filles après le cinquième degré ; l'*hereditas aviatica* des Ripuaires, à defaut de mâles ; la *terre salique* jamais, et il est à présumer que, dans ce dernier cas, elle faisait retour au fisc (2). Il fallait donc qu'elle eût un caractère tout particulier d'affectation aux mâles, comme le *vol du chapon,* le *principal manoir* dans nos anciennes coutumes ; que ce fût, suivant la distinction indiquée plus haut, une *chose* toute masculine, en un mot la terre de famille par excellence (3) ; peut-être, comme l'a supposé Montesquieu (4), ce terrain clos autour de la maison, jadis l'unique, et depuis la principale propriété du guerrier franc (5).

3° Par les mêmes raisons, nous pensons que les mots *hereditas aviatica* dont se sert le Code ripuaire, s'ils sont synonymes d'*alodis,* ne le sont pas de *terra salica,* qu'ils désignent les biens patrimoniaux en général, et qu'en disant que les femmes ne succèdent pas à ces biens tant qu'il existe des mâles, la loi a surtout pour but de les opposer aux acquèts qui

(1) Aug. Thierry, *Des systèmes historiques* (*Revue des deux mondes* du 1ᵉʳ janvier 1839, p. 14), reproduit depuis en tête des *Récits mérovingiens.*

(2) Par analogie tirée du § 4, tit. 63, relatif aux biens de celui qui a rompu les liens de parenté.

(3) C'est ainsi que les *Francs bonê salici* étaient les premiers des Francs.

(4) V. *Espr. des lois,* liv. 18, chap. 22.

(5) « *Sala,* principal manoir, *terra dominica,* qu'on n'aliénait pas, mais que le seigneur habitait lui-même. » Guerard, *Polypt. d'Irminon* et *Cartul. de Rheims.* — « Sal, qui signifiait primitivement maison, s'appliqua ensuite à toute espèce de biens-fonds, et devint enfin le nom des possessions les plus considérables. » Pfister, *Hist. d'Allem.,* 1, 52. — De là *domus salica.* « *Anno* 867 *quidam Erlebardus bona sua obtulit, exceptá domo salicá.* » *Polypt. de St-Gall,* cité par Pithou, *Not. ad leg. salic.*

probablement se partageaient entre les deux sexes (1). Du reste, il faut appliquer au chapitre des successions ce qu'on a dit de la loi ripuaire en général, comparée à la loi salique (2). Tout y porte l'empreinte d'une civilisation plus développée et contraste avec la rudesse des prescriptions de l'autre loi plus ancienne. Le droit de succession est conçu et formulé d'une manière bien plus nette. Les parens ne succèdent plus à l'infini ; il y a une limite (*usque ad quintum geniculum*) ; au delà du cinquième degré, ce ne sont plus seulement les parens paternels, mais tous les parens en général qui arrivent à la succession. Enfin il n'est plus question de terre salique, mais bien de *terra aviatica*, et l'admission des femmes à défaut de mâles est prononcée d'une manière formelle (3).

4° La loi des Allemands, du reste évidemment incomplète sur le sujet qui nous occupe, est la première qui, à défaut de fils, attribue expressément aux filles la terre paternelle que leur refusait celle des Thuringiens et des Francs (*Illa teneat terram patris sui...... mulier quæ hereditatem paternam habet*) ; mais il faut pour cela qu'elles épousent un homme de même condition et libre comme elles. Celle qui s'unissait à un colon du roi ou de l'Église n'est habile à succéder qu'aux meubles. Il y a ici quelque chose d'analogue à la loi juive et athénienne qui forçait une héritière de s'allier à un proche parent. La loi des Bourguignons était plus sévère à l'égard des alliances mal assorties. La Romaine qui se mariait à un Burgonde sans le consentement de ses parens était déchue de tout droit à leur succession. Un autre article du code des

---

(1) C'est l'opinion d'Heineccius, *Elem. jur. german.*, § 214 et suiv.

(2) V. sur ce point Eichorn, *Staats und Rechtsgeschichte*, § 38, *note*, et surtout Rogge, *Observationes de peculiari legis Ripuariæ cum Salicâ nexu.*

(3) Gans, *trad.* de Loménie, p. 69.

Alemanni, jeté sous une rubrique qui paraît étrangère à notre sujet, confirme l'aptitude de la femme à recueillir et à transmettre l'héritage paternel. Si une femme en possession de cet héritage se marie, met au monde un enfant mâle et meurt ensuite, il suffit que ce dernier ait assez vécu pour voir la maison et ses quatre murs, pour que la succession de l'ascendant maternel passe au père de l'enfant, pourvu toutefois que l'existence de ce dernier puisse être prouvée par témoins, car, dans le cas contraire, la succession de l'ascendant maternel est dévolue à ses plus proches parens (1).

5° et 6°. Les codes saxon, lombard, bavarois, bourguignon, etc., admettent généralement les filles à défaut de mâles, sans distinction de terres ou de meubles, de biens héréditaires ou acquis; mais, en préférant ceux-ci, ils leur imposent des devoirs de protection et de la libéralité envers les filles déshéritées, celui de les protéger comme tuteurs, de les établir, de leur donner une dot.

7°. La loi burgonde, dans son ensemble, moins exclusivement germanique que les précédentes, se rapproche déjà de l'esprit méridional et de l'imitation du droit romain. La forme est plus brillante, plus cultivée que dans les autres législations du Nord; les diverses doctrines, les systèmes divers y sont plus développés. Malheureusement le droit de succession, où l'influence chrétienne et latine se fait sentir en faveur des femmes, n'est défini que d'une manière incomplète (2), et nous avons été obligé de réunir un assez grand nombre de textes fort divers pour grouper les dispositions éparses qu'il renferme sur la succession des femmes. Nous relèverons de préférence ici celles qui s'écartent des règles posées dans les codes précédens (t. 14, 2). S'il n'existe pas de descendans de l'un ou

(1) *Lex Alemann.*, tit. 92, § 1 et 2.
(2) Gans, *trad.* de Loménie, p. 42 et 69.

l'autre sexe, la succession est dévolue aux sœurs ou aux plus proches parens. Même au premier degré, la préférence accordée aux mâles souffre une exception en faveur des filles qui se sont vouées au service de Dieu (t. 5, 6). Celles-ci concourent avec leurs frères pour un tiers de l'héritage paternel, c'est-à-dire du *sors;* après leur mort, ce tiers revient aux plus proches parens, et elles ne peuvent librement disposer que des biens maternels, ou encore des fruits de leur travail, ou d'autres objets de peu de valeur. Ainsi, chez les peuples nouvellement convertis au christianisme, la vocation religieuse, loin d'être un prétexte d'exhérédation à l'égard des filles, comme elle le devint plus tard, était pour elles la source de droits nouveaux. Si un Burgonde vient à mourir sans enfans, sa femme reçoit le tiers de sa fortune en usufruit; cet usufruit ne cesse qu'à sa mort, ou au moment où elle contracte un second mariage; cas auquel les héritiers recouvrent la pleine propriété (t. 14, 2). Après la mort de deux conjoints, la *donatio nuptialis* se divise par moitié entre les parens du mari et les parens de la femme (t. 51, 3). Le mobilier et les vêtemens de femme appartiennent aux filles, à l'exclusion des enfans mâles. Une femme non mariée ne peut avoir pour héritiers que ses sœurs, et ce n'est qu'à défaut des sœurs que les frères arrivent à la succession (t. 5, 6). En ce qui regarde les droits de la mère sur la succession du fils, la loi burgonde a varié dans ses dispositions (t. 53). D'abord l'usufruit de tous les biens du fils appartenait à la mère, et ce n'est qu'après sa mort que les parens du premier pouvaient entrer en possession. D'après une loi postérieure, les biens durent être également partagés entre les deux parties, et chacune d'elles eut la libre disposition de sa part héréditaire.

Si d'après la loi burgonde, et sauf les exceptions en faveur des religieuses et des sœurs d'une femme non mariée, les filles n'arrivent à la succession qu'après les enfans mâles, il n'en est pas de même quand elles concourent avec des descendans au deuxième degré. Les petits fils reçoivent par préciput la moitié des biens laissés par leur aïeul, l'autre moitié se partage entre eux et leurs tantes (tit. 75, 1, 2, 3). Si, au contraire, ce sont des filles du fils qui concourent avec leurs tantes du côté paternel, elles n'ont droit qu'à la moitié de la succession. L'autre moitié appartient aux descendans du premier degré, c'est-à-dire aux tantes.

8° La loi des Wisigoths, en vigueur dans l'Espagne et dans le midi de la France, est presque purement romaine, et le droit de succession en particulier y est emprunté presque littéralement aux dispositions de la *Novelle* 118. On y voit réunies pour la première fois sous une forme régulière, sans contradictions et sans empiètemens de l'une sur l'autre, la succession testamentaire et l'hérédité *ab intestat*. S'il y a des enfans, le testateur ne peut, à moins d'un crime commis, disposer de plus d'un tiers en faveur de l'un deux, ou de plus d'un cinquième en faveur d'un étranger. Tout homme qui ne laisse pas de descendans a la libre disposition de ses biens. C'est ainsi que, dans un code de lois, dites barbares, nous trouvons posés les principes fondamentaux et rationnels du droit de succession (1). D'un autre côté, la faveur pour les femmes se trahit par plusieurs dispositions. En cas d'absence du père, la mère jouit des mêmes droits que lui relativement au mariage des enfans (2). Il est évident que les principes rigoureux du *mundium* germanique ont cédé. Autre exemple : le consentement du seigneur pour le mariage des vassales, condition si rigoureuse partout ailleurs qu'elle paraissait constituer une seconde tutelle après celle de la famille, n'est plus exigé qu'en

(1) Gans, *trad.* de Loménie, p. 31.
(2) Le même, *Erbrecht*, iii, 357.

cas de mésalliance (1). Ici ce sont les règles de la hiérarchie féodale qui ont fléchi. Le christianisme, et avec lui un sentiment vrai des droits de la femme, a passé par-là.

Un pas immense sépare donc le code wisigoth de tous ceux qui précèdent. Seul il proclame *le partage égal entre les frères et les sœurs, entre l'homme et la femme*. Il forme ainsi le dernier anneau de cette chaîne législative qui, commençant par l'exclusion d'un sexe, consacre ensuite la préférence d'un autre, pour arriver enfin à l'égalité.

(3e partie.)

Succession civile et politique en France au moyen âge.

Ces deux ordres de succession, avant de se diviser en deux branches distinctes, lors de la décadence du régime féodal, de l'avènement du droit coutumier et de la consolidation du pouvoir monarchique, s'appliquèrent : 1° aux bénéfices et aux alleux ; 2° aux fiefs ; 3° à la couronne. Nous les examinerons séparément dans ces trois applications différentes.

CHAPITRE Ier. — *Les bénéfices et les alleux.*

Les Gaulois n'avaient pas de lois écrites. C'étaient les druides qui jugeaient les contestations relatives aux successions, comme toutes les autres (2). Cependant, au milieu même de l'obscurité qui enveloppe leur législation, on entrevoit une institution inconnue à l'antiquité, ainsi qu'à la plupart des peuples barbares, quoiqu'elle semble la loi naturelle du contrat conjugal, appelée à exercer une haute influence sur la condition des femmes, et qui semble véritablement indigène dans le pays dont elle devait un jour devenir le droit commun. Nous voulons parler de la *communauté*. Seuls, les Gaulois paraissent avoir pleinement compris et largement

(1) *Cod. wisig.*, lib. v, tit. iii, art. 1.

(2) « *Si.... de hæreditate, si de finibus controversa sit, iidem decernunt,* » Cæsar, *De bell. gall.*, lib. vi, 18.

appliqué ce principe de haute moralité , qui , à la dissolution du mariage , donne à l'époux survivant une part égale dans les acquêts communs (1). Ce système, tout nouveau pour les Romains, et signalé pour la première fois par César, paraît avoir attiré leur attention. Martial , dans une de ses épigrammes (2), en parle comme d'une convention extraordinaire ; mais plus tard le Digeste et les Novelles (3) en offrent des exemples, et il est permis de croire, avec M. Pardessus (4) , que c'était un emprunt fait à l'ancienne législation de la Gaule. Dans ce dernier pays, l'énergie et la vitalité de cette institution sont remarquables (5). Elle devient le droit commun dans les pays coutumiers, domine dans les *Assises de Jérusalem* , et prend place enfin dans le Code civil , sinon comme la loi unique et nécessaire , au moins comme la loi la plus naturelle et la plus nationale à la fois de l'association conjugale.

Après la conquête romaine, les Gaulois adoptèrent les mœurs et les lois du vainqueur. Le christianisme vint s'ajouter à ces élémens. L'esprit du christianisme et la lettre du Code théodosien , qui régissait la Gaule romaine, font supposer que dans toute son étendue les filles étaient admises au partage des hérédités , suivant les règles que nous avons expo-

(1) « *Viri quantas pecunias ab uxoribus dotis nomine acceperunt, tantas ex suis bonis , æstimatione factâ, cum dotibus communicant. Hujus omnis pecuniæ conjunctim ratio habetur, fructusque servantur; uter eorum vitâ superârit, ad eum pars utriusque cum fructibus superiorum temporum pervenit.* » Cæsar, lib. vi, 19. — V. dans Marculfe une formule de donation entre mari et femme: « *Quòd pariter in conjugio positi laboravimus.* » *Formul.*, lib. ii, cap. 17.

(2) *Lib. iv, epigr.* 75.

(3) *Digest.*, lib. xxxiv, tit. 1, *De alim. et cib. eg. fr* , 16, § 3. *Novell.* 97.

(4) *Mémoire sur l'origine du droit coutumier en France*, p. 13.

(5) « Un fait qui ne se rencontre ni dans le droit italien, ni dans le droit espagnol, ni dans le droit portugais, c'est l'influence du régime de la communauté. » Gans, trad. de Loménie, p. 200.

sées. Voyons ce que l'invasion des barbares vint changer à cet état de choses.

Alors, pour la première fois, sous les noms d'*alleux* et de *bénéfices*, on vit apparaître deux espèces de biens soumis à des règles toutes différentes. « Il y a lieu de croire que les premiers alleux furent les terres que, sous diverses formes et sans partage général ou systématique, s'approprièrent les Germains vainqueurs, Francs, Bourguignons, Visigoths, au moment de leur établissement. Celles-là étaient complètement indépendantes; on les recevait de la victoire, du sort, non d'un supérieur. On les appela *alod*, c'est-à-dire lot, sort, selon les uns; pleine propriété, suivant les autres (1). » Ces premiers alleux constituèrent, au profit des vainqueurs, une propriété particulière, comme pour remplacer celle qu'ils possédaient de l'autre côté du Rhin. De là ils l'appelèrent *terres saliques, sortes Burgundionum, sortes Gothicæ.* Les filles continuaient à en être exclues par la coutume ou par la loi; mais nous verrons que la volonté de l'homme dérogea bientôt à cette rigueur, qui cessa d'être dans les mœurs. Il y eut encore d'autres propriétés indépendantes, comme celles dont nous venons de parler, et comme elles désignées sous le nom d'alleux, bien que leur origine fût différente. Ce furent ou d'anciens héritages gaulois échappés à la conquête, ou des biens acquis postérieurement par achat, succession, ou de toute autre manière. Ceux-là ne furent pas interdits aux femmes, et les documens contemporains nous offrent plusieurs exemples de filles succédant à ces alleux au défaut des mâles. Plus tard cette distinction s'effaça, et l'on donna indifféremment le nom d'*alleu* à toutes les terres possédées en pleine propriété, qu'elles fussent ou non des *alleux* originaires. Le

(1) Guizot, *Histoire de la civilisation*, IV, 43. Eichorn, *Staats-und-recht Geschichte*, 1,354.

caractère distinctif de l'alleu résida dès lors, non plus dans l'origine de la propriété, mais dans son indépendance, et l'on employa comme synonymes *d'alleu* les mots *proprium, proprietas, possessio*, etc. « *Proprietates Bosonis et Engeltrudis, quas vos alodium dicitis, filiabus earum hæredibus restituatis* (1). »

Indépendamment du partage général des terres, il y avait des dons particuliers de la munificence des chefs : tels furent les *bénéfices*, ou terres octroyées par un supérieur qui les détachait de son domaine pour s'attacher, sous le titre de *leudes*, de *fidèles*, *d'antrustions*, de *convives*, les guerriers qui l'avaient suivi et assisté dans sa conquête.

Autrefois, en Germanie et sur les bords du Rhin, le don d'une framée, d'un coursier de guerre, avait pu suffire à leur ambition ; mais l'envahissement d'une partie de la Gaule les avait rendus plus difficiles, et, pour satisfaire à leurs exigences toujours croissantes sans dépouiller les hommes déjà pourvus, les rois mérovingiens durent prendre sur les vastes portions de territoire que la déférence de leurs compagnons leur avait assignées sous le nom de *fisc*, *terres fiscales*. Mais ils mirent des conditions rigoureuses à cet acte de libéralité, et tandis que les propriétaires d'alleux n'étaient tenus qu'à la défense générale du territoire, les détenteurs de bénéfices durent prendre fait et cause pour le donateur, intervenir dans ses querelles, le conseiller pendant la paix, le défendre à la guerre (2), Il était tout simple que les femmes fussent exclues de ces sortes de biens : Grégoire de Tours rapporte que la veuve de Badegisile, évêque du Mans, voulait retenir plusieurs pos-

---

(1) Lettre de Jean VIII au roi de France. *Not. ad Marculf.*

(2) Naudet, *Mémoire sur l'état des personnes sous les deux premières races,* p. 443. Cette distinction entre le partage général des terres et les dons de la munificence royale se trouve indiquée dans la loi des Burgundes, 2 *addit.*, § 11.

sessions de l'église dans l'héritage de son mari , sous prétexte qu'elles faisaient partie de l'apanage militaire de Badegisile , qui, avant de parvenir à l'épiscopat, avait été un des grands de la cour: « *Militia hæc fuit viri mei.* » Mais cette prétention ne fut pas admise (1).

Ainsi, sous les deux premières races il y eut deux espèces de biens : les *alleux*, qu'on subdivise quelquefois en *propres* et en *acquêts;* et les *bénéfices*, appelés aussi *munera*, *terres fiscales*, *fisc*, et plus tard *fiefs*. La transmission des alleux constitua une succession civile qui se régla par la loi salique , les capitulaires et par l'usage; celle des bénéfices, empreinte d'un caractère politique, se fit d'abord au gré du donateur qui les reprenait quand il voulait. Les femmes furent généralement admises aux premiers et exclues des seconds.

Cet état de choses ne tarda pas à être modifié. D'abord, pour ce qui regarde les alleux, du moment que l'on ne distinguait plus les alleux primitifs, dus à la conquête, de ceux que les propriétaires avaient acquis postérieurement et par d'autres voies, il était impossible de laisser subsister une différence dans l'aptitude légale des femmes à les posséder et à les transmettre (2). D'ailleurs, l'antique exclusion de la terre salique prononcée contre les filles par la Germanie païenne et patriarcale, maintenue par la bande conquérante, parut dure aux Francs convertis, dès qu'ils commencèrent à connaître les douceurs de la famille et de la propriété. Sans heurter de front les lois existantes, on eut recours à ces formes légales dont l'usage et la puissance se révélaient peu à peu, et dont le moine Marculfe, qui vivait vers le milieu du vIII^e siècle, nous a conservé de curieux monumens (3). L'on y voit comment un

(1) *Greg. Tur.*, lib. viii , cap. 39.

(2) Guizot, *Essais*, p. 96,

(3) *Marculf.*, *Formul.*, lib. 2 , ch. 9 et 12. *Anciennes formules* ajoutées par Bignon , 49 et *passim*.

père pouvait appeler sa fille ou les enfans de sa fille à partager son héritage avec leurs frères ou leurs oncles.

Ces formules, dont les sentimens sont de beaucoup meilleurs que le style, témoignent d'une révolution notable opérée dans les mœurs et dans les esprits depuis la conquête. De leur côté, les bénéfices subissaient d'importantes modifications. Comme le domaine royal, même avec ce que la guerre pouvait y ajouter, n'était pas aussi inépuisable que l'avidité des bénéficiaires, il y avait tendance continuelle de la part de la couronne à les reprendre pour s'en faire d'autres partisans ; et, de la part des possesseurs, à les perpétuer dans leurs familles. Jusqu'à la fin de la première race, les bénéfices restèrent de droit amovibles, bien que par le fait ils fussent le plus souvent transmis des pères aux enfans avec des propriétés d'autres espèces. C'est toujours une succession, mais non pas une hérédité (1). Tour à tour viagers, puis étendus aux enfans sans règles fixes, mais en gravitant toujours vers l'état héréditaire, ils arrivèrent enfin, sous le nom de *fiefs*, à ce dernier état vers la fin du ixe siècle. Mais l'exclusion des femmes durait toujours. La survivance des bénéfices ou fiefs, dit Brussel (2), n'a jamais été accordée aux filles par nos rois de la deuxième race. En effet, dans les chartes par lesquelles les dons de la munificence royale sont étendus aux enfans des donataires, il est toujours question des *fils*, de *ceux qui peuvent servir l'État*.

En 815, Louis-le-Débonnaire accorde à un seigneur nommé Jean un bénéfice considérable dans le comté de Narbonne : « *Omnia per nostrum donitum habeant ille et filii sui et posteritas illorum* (3). » Charles-le-Chauve va encore plus loin : il permet aux possesseurs d'en disposer en

(1) Naudet, *Mémoire* cité, p. 445.
(2) *Traité des fiefs*, p. 88.
(3) Dom Bouquet, vi, 472.

faveur de leurs parens éloignés; mais les termes dont il se sert sont remarquables : « *Si aliquis ex fidelibus nostris post obitum nostrum, Dei et nostro amore compunctus, seculo renuntiare voluerit*, et filium, vel talem propinquum habuerit qui reipublicæ prodesse valeat, *suos honores, prout melius voluerit, ei valeat placitare* (1). »

Il serait facile de multiplier ces exemples, et, si dans quelques chartes il est parlé de femmes possédant des terres fiscales ou des bénéfices, cela s'explique par la distinction du domaine utile d'avec le service et la dignité. Les rois, après la mort d'un bénéficier, pouvaient conférer l'un à l'église, à des particuliers, à des veuves ou des filles ; mais les autres étaient remplis par des titulaires nommés *ad hoc* (2).

CHAPITRE II. — *Les fiefs.*

Nous avons signalé d'avance dans les mœurs germaines et dans les premiers faits de la conquête les élémens qui devaient plus tard, en se développant, produire le système féodal, et, pour suivre une métaphore célèbre, nous avons cherché dans les forêts de la Germanie les racines de ce chêne antique qui fit planer sur tout le moyen âge et son abri et son ombre. L'hérédité des bénéfices fut proclamée pour la première fois en 877, dans le capitulaire donné à Kiersy par Charles-le-Chauve. Comme nous l'avons dit, le bénéfice devenu héréditaire s'appela *fief*, mot dont le premier exemple se rencontre dans une charte de Louis-le-Gros. Le mot *alleu*, de son côté, perdit de plus son ancien sens de terre héréditaire, qui ne l'aurait plus distingué du fief, pour prendre celui de terre

---

(1) *Capit.*, ann. 877, art. 10.—Baluze, 11, 259. Dans le même volume, p. 574, pareille donation est faite en 832 à Aginulph, p. 581, à Adalbert, p. 611, à Eccarius en 839, etc., etc., etc.

(2) *Les Origines*, par Buat, 1, 237. — Baluze, 11, 1440.

libre, franche de toute obligation, de toute redevance. Mais le nombre de ces terres fut bien restreint par l'usage qui s'introduisit dans les désordres de la deuxième race, et qui se continua sous la troisième, de convertir les alleux en fiefs, pour s'assurer à la fois les avantages de l'hérédité et ceux de la protection féodale (1). Ce mouvement, qui précipitait tous les esprits vers l'inféodation, embrassa la presque totalité des biens du royaume depuis les comtés et les duchés jusqu'à la gruerie la plus insignifiante.

Dans cette société nouvelle, où l'on n'apercevait d'abord que des seigneurs et des serfs, où les élémens de la classe moyenne se cachaient encore dans les restes des anciens municipes, il y avait peu de place pour le droit civil proprement dit, qui se formait péniblement des traditions bien effacées du droit romain et des débris des vieilles législations personnelles et barbares. Une nouvelle législation semi-politique naquit alors pour régler des rapports nouveaux, et l'un de ses premiers axiomes, conforme du reste à son esprit, fut l'exclusion des femmes : « *Si quis decesserit filiis et filiabus superstitibus, succedunt tantùm filii æqualiter* (2). » S'il n'y avait pas de fils, le fief faisait retour au seigneur. Et ce qui prouve bien la prédominance des idées féodales à cette époque, c'est que, si la nature d'une terre était contestée, la femme prétendant que c'était un alleu, le mâle disant que c'était un fief, la présomtion légale était pour ce dernier (3). Les faits historiques sont

(1) V. Montesquieu, liv. 31, chap. 8.

(2) La rédaction de la plupart des lois féodales, et entre autres la compilation d'Obertus et de Gerardus Niger, d'où cette règle est tirée (*Liber feudorum*, I, tit. 8), sont bien postérieures à l'application des dispositions qu'elles contiennent. Celles-ci existaient depuis long-temps à l'état de coutumes; c'est pourquoi dans la plupart des anciens recueils elles sont intitulées: *Usages des fiefs, usus feudorum.*

(3) « *Item sciendum est quòd si inter masculum et feminam contro-*

d'accord avec ces règles. **M. Guizot**, à la fin du deuxième volume de son *Histoire de la civilisation en France*, a placé deux tableaux du démembrement féodal du royaume vers la fin du IXe et du Xe siècle. Le premier comprend 29 fiefs et le second 55, total 84. Or, dans ce nombre, il n'en est pas un seul qui soit possédé par une femme. Cela confirme l'assertion de Brussel que la survivance des bénéfices ou fiefs n'a jamais été accordée aux filles par nos rois de la seconde race. « Quant à Hugues Capet et les premiers rois de la troisième, ajoute-t-il, s'ils ont quelquefois souffert que des filles succédassent aux fiefs, ce n'a été qu'au défaut des mâles, tant en directe qn'en collatérale. »

En effet, du XIe au XIIe siècle, l'usage s'introduisit, non-seulement d'admettre les filles, à défaut de fils, aux anciens fiefs; mais encore de stipuler formellement cette condition dans les inféodations nouvelles, et l'on pourrait trouver des exemples antérieurs de mâles venant à des successions importantes du chef des femmes; mais il faut reconnaitre, avec Bodin, qu'on mit toujours une grande différence entre ce dernier cas et le premier, et que les femmes purent souvent transmettre les fiefs là où elles ne pouvaient les recueillir par elles-mêmes. On voit dans les *OEuvres de Fulbert*, anno 1020, que vers cette époque le roi Robert réclama d'Eudes, comte de Chartres, de Blois et de Tours, les comtés de Meaux et de Troyes, par la raison qu'Eudes ne les possédait que du côté des femmes. Celui-ci refusa même de lui en faire hommage, disant les tenir, non du roi, mais bien de ses ancêtres, par droit d'hérédité. Le roi l'assigna au premier parlement;

versia fuerit, masculo dicente : Hoc est feudum, feminâ negante, nisi apertis probationibus femina ostenderit non esse feudum, creditur masculo cùm suo juramento affirmanti cùm XII *sacramentalibus.* • *Lib. feud., tit.* 41.

mais, malgré le jugement rendu contre lui, il continua à jouir
de toutes ses possessions. Ainsi la règle féodale qui voulait
que les fiefs fissent retour au seigneur, plutôt que de passer
aux femmes et à leur ligne, était déjà contestée au commencement du xie siècle. En 1037, le duché de Gascogne fut réuni
à celui d'Aquitaine, par le mariage de Guillaume IV, comte
de Poitiers, avec Brisce, fille et héritière du dernier duc
de la Novempopulanie ; et précisément la même année
Hoël devenait comte de Nantes, du chef de sa mère Judicaël.
Un acte de 1103, portant donation en fief de la viguerie de
Montpellier, s'exprime ainsi : » *Quo mortuo, habeat vica-
rium ille vel illa cui Bernardus diviserit.* » Une loi du Hainaut, rédigée en 1200, porte : « *Firmatum est ad legem ut
si homo tenens feodum duxerit uxorem et ex eâ filiam habuerit et non filium, ipsa filia succedat patri et matri in
feodum.* »

Les jurisconsultes nommèrent *fiefs féminins* ceux auxquels
les femmes furent ainsi admises, soit parce que leur sexe en
avait été primitivement investi, soit parce que la charte de con-
cession les y appelait subsidiairement aux mâles ; mais ils les
rangèrent parmi les fiefs *impropres*, c'est-à-dire dépourvus des
conditions primitives de l'institution (1) ; et quand ils arrivèrent
aux femmes par droit d'hérédité, cet ordre de succession parut si anormal, qu'on ne lui appliqua pas la règle de la primogéniture qui commençait à s'introduire généralement.

Quoi qu'il en soit de toutes ces distinctions des feudistes,
constatons qu'à une époque assez rapprochée de la plus grande
vigueur du système féodal, on trouve des exemples de fiefs
anciens possédés par des femmes à titre successif, et même de

<hr>

(1) « *Quæ verò feuda, depravato jure, ad mulieres deferuntur, ea non
feuda propriè sed feudastra appellari,* » Pontanus, *Origin. Francic.,*
lib. vi, p. 479.

nouveaux fiefs érigés avec cette clause. Peut-être cet usage ne fut-il pas sans influence sur l'affaiblissement du pouvoir royal et sur l'accroissement de celui des grands vassaux à cette époque. La contestation entre le roi Robert et le comte de Chartres, rapportée plus haut, nous donne la mesure de cette influence. « Parmi les causes du démembrement du domaine de la couronne, disent les auteurs de l'*Art de vérifier les dates*, il faut sans doute mettre au premier rang le vasselage. Néanmoins cette institution, conforme aux mœurs nationales, n'aurait pas renversé le gouvernement, si elle-même n'avait été altérée. Depuis plusieurs siècles il y avait des ambactes, des leudes, des bénéficiaires et des grands vassaux. Mais lorsqu'au mépris des lois salique et ripuaire, l'hérédité des seigneuries s'établit au profit des femmes ; lorsque, d'un autre côté, par des idées chimériques de perfection, les alliances entre parens furent prohibées par le clergé, aussi loin que la parenté put être reconnue, les héritiers de plusieurs familles portèrent leur patrimoine dans des maisons étrangères. Ces fortunes accumulées formèrent de grandes masses, et l'inégalité qui en résulta fut d'autant plus dangereuse pour l'autorité, que sous les deux premières races la richesse était puissance, et qu'on ne put être opulent sans posséder de vastes terres et sans commander à beaucoup d'hommes. »

Ces faits se produisirent sous l'influence de plusieurs causes, les unes générales, les autres particulières.

Les premières tenaient à l'affaiblissement même de l'esprit féodal. Le principe de l'hérédité une fois introduit dans les fiefs amenait à sa suite tous les développemens naturels dont il est susceptible. Du moment que la considération de la famille avait prévalu, là où dominait jadis le choix libre du donateur, variable à volonté et déterminé par la force du bras et par l'aptitude au service militaire, il n'y avait qu'un pas de plus à faire pour arriver au sentiment qui fait préférer une fille à des collatéraux plus éloignés. Cette tendance fut favorisée par la réaction qui s'opéra vers la même époque en faveur du droit romain. On s'habitua à compter les sympathies du dernier mourant pour quelque chose, et les règles de la succession civile qui avait presque été envahie par la succession féodale, réagirent à leur tour sur celle-ci.

D'ailleurs la guerre n'était plus l'état permanent de la société. Le service militaire, condition si essentielle de l'ancienne féodalité qu'elle semblait à quelques auteurs la constituer tout entière, ne fut plus exigé aussi rigoureusement, même des hommes, qui purent se faire remplacer dans cette obligation, autrefois toute personnelle. Ce fut une large porte ouverte à l'admission des femmes. Si en général elles ne pouvaient marcher au combat, charger l'ennemi à la tête de leurs vassaux (quoique le moyen âge en fournisse plus d'un exemple), rien n'empêchait qu'elles ne s'acquittassent de ces devoirs par substitut, et, mariées, elles en avaient un tout naturel dans leur époux. Un ancien et curieux monument de la jurisprudence féodale s'exprime ainsi à ce sujet : « Femmes ne peuvent recevoir fiefs selon le droit du fief, sinon par privilège et coutume, ainsi qu'ils font en Flandre ; néanmoins les femmes ne peuvent être vassaulx, ne faire serment et hommage, ne asseoir en court pour jugier ; mais elles peuvent bien avoir vassaulx au-dessoubs d'elles, seigneuries et jurisdictions, et les faire desservir par hommes (1). » D'ailleurs les croisades et les guerres contre l'Angleterre, en décimant la noblesse, laissèrent un grand nombre de fiefs sans héritiers mâles. Dans la première occasion, les retours à la couronne furent le cas

____

(1) *Beau traité des fiefs en Flandre*, Gand, 1839, in-8°.

le plus fréquent ; dans la seconde, ce fut la dévolution aux femmes. Mais toutes ces expéditions, qui appelaient loin de son castel le seigneur féodal, y laissaient la châtelaine « maîtresse, représentant son époux, chargée en son absence de la défense et de l'honneur du fief. Cette situation élevée et presque souveraine a souvent donné aux femmes de l'époque féodale une dignité, un courage, des vertus, un éclat qu'elles n'avaient point déployé ailleurs, et elle a, sans nul doute, puissamment contribué à leur développement moral et au progrès général de leur condition (1). » En effet, M. Montalembert, dans son *Introduction à la légende de sainte Élisabeth*, et M. Michelet, dans le IIe volume de son *Histoire de France*, se sont accordés à reconnaître qu'au XIIIe siècle la femme régnait sur le trône avec Blanche de Castille, et dans le cœur avec Héloïse. Il n'est pas jusqu'à l'archéologie qui ne vienne confirmer la justesse de cette donnée, et M. de Caumont, dans son cours d'*Antiquités monumentales* (2), remarque que les monumens du culte de la Vierge ne furent jamais si fréquens qu'à cette époque.

Indépendamment de ces causes générales qui favorisaient l'admission des femmes à l'hérédité des fiefs, des circonstances purement accidentelles faisaient souvent pencher en leur faveur la balance douteuse du droit. Quand les filles qui se portaient héritières étaient secondées par le bras d'un frère, d'un époux, ou par quelque intérêt puissant auquel leur cause se trouvait liée, elles triomphaient et créaient un précédent qui était plus tard invoqué comme loi. Aussi Brussel, en parlant des duchés d'Aquitaine et de Normandie qui furent recueillis au XIIe siècle, celui-ci par Mathilde, fille de Henri Ier, roi d'Angleterre et duc de Normandie ; celui-là par Éléonore, fille de

(1) Guizot, *Histoire de la civilisation*, IV, 170.
(2) *IVe partie, Monumens religieux.*

Guillaume **X**, duc d'Aquitaine, et femme du roi Louis-le-Jeune ; ajoute fort judicieusement : « Peut-être n'en fût-il pas arrivé ainsi, si heureusement elles ne s'étaient trouvées toutes deux mariées (1). » Très-peu de temps auparavant, la fille de Guillaume **V**, comte de Toulouse, n'avait pas succédé à son père, et peut-être n'avait-il manqué à ses droits qu'un bras puissant pour les faire valoir ? Vers la même époque, c'est-à-dire vers le milieu du XIIe siècle, Béatrix Ire héritait, sans contestation, de la Franche-Comté, grâce à son mariage avec Frédéric Ier, empereur d'Allemagne. Cinquante ans plus tard, sa petite-fille, Béatrix II, qui n'avait pour époux qu'un duc de Méranie, avait plus de peine à faire reconnaître ses droits. En 1216, les pairs de Champagne et de France, réunis à Melun, adjugeaient à Thibault IV, dit le *Chansonnier,* neveu du pénultième comte Henri II, le comté de Champagne réclamé par sa fille Alix. Mais il ne fallut pas moins au célèbre Thibault que son esprit, son courage et l'appui de la France, pour maintenir cet arrêt solennel contre Érard de Brienne, roi de Chypre et de Jérusalem, époux de la princesse et contre la ligue des barons qui menaçaient de le dépouiller de ses États.

Autre exemple encore plus frappant : au commencement du XIVe siècle, Jeanne, fille de Louis-le-Hutin, eut des droits successifs aux trois souverainetés de Champagne, de Navarre et de France. Jeune encore, elle eut à disputer la première, dont la succession, dit Voltaire, avait été tantôt donnée, tantôt ravie aux filles, contre plusieurs rivaux puissans, et finit par la céder à Philippe de Valois. Plus tard, mariée à Philippe, comte d'Évreux, elle fit triompher ses titres héréditaires au royaume de Navarre, mais celui de France lui échappa ; nous verrons comment. Dans le même temps où Philippe V le lui

______

(1) *Traité des fiefs,* p. 91.

disputait avec succès, le comté d'Artois était adjugé par les pairs assemblés à la comtesse Mahault, quoique son frère aîné eût laissé un fils. Ainsi en France l'oncle avait exclu la nièce; en Artois, la tante excluait le neveu. « Cela tenait, dit le vieux jurisconsulte Bouchel, à la législation coutumière du comté, d'après laquelle non-seulement les femmes succédaient, mais, la représentation en ligne directe n'ayant pas lieu, les plus éloignés mâles étaient repoussés par les plus proches femelles (1). »

Les effets de la nouvelle jurisprudence qui admettait les femmes aux fiefs furent, d'une part, pour celles-ci, une importance patrimoniale et politique qui n'avait pas d'analogue dans les siècles passés, et de l'autre, dans le mouvement des terres et des suzerainetés, un va-et-vient continuel, des alternatives d'agglomération et de démembrement, suivant que des héritières apportaient du dehors ou transféraient à des époux étrangers de nouvelles portions de territoire.

La Flandre, dont la coutume, comme nous l'avons vu, s'était de bonne heure relâchée de l'antique sévérité féodale à cet égard, offre un exemple frappant de ces vicissitudes. Voici la vive peinture qu'en a tracée un brillant historien : « Dans un pays où la femme héritait et transférait la souveraineté, le souverain était souvent un mari étranger. La sensualité flamande, la matérialité de ce peuple de chair, apparaît dans la précoce indulgence de la coutume de Flandre pour la femme et pour le bâtard. La femme flamande amena ainsi par mariage des maîtres de toute nature : un Danois, un Alsacien, puis un venu du Hainaut, puis un prince de Portugal, puis des Français de diverses branches (2). » Un autre écrivain a signalé

(1) *Bibliothèque du droit français — Coutumes d'Artois et de Ponthieu*, art. 8. Ce sont, à ce que nous croyons, les seules provinces de France qui n'aient pas admis le droit de représentation.

(2) Michelet, *Histoire de France*, t. iii, p. 46.

l'influence de la même coutume par rapport à la vie privée.
« D'où vient, dit-il, que les intérieurs de tableaux flamands
ont un charme que n'ont pas les intérieurs de tableaux anglais
ni vénitiens, malgré toutes les ressources de coloris de leurs
peintres? Cela ne vient-il pas de ce que, dans le droit flamand,
la femme hérite, qu'elle a une personnalité civile, qu'elle
donne à sa maison, à sa chaumière, ce parfum de l'ordre que
la propriété seule inspire; qu'elle a pour ses meubles cette af-
fection, cette sorte de piété, de vénération filiale que n'a pas la
femme dépossédée par le droit civil? »

Éléonore de Guyenne offre à la fois la personnification la
plus complète de l'héritière féodale au moyen âge et la preuve
la plus éclatante de l'influence que l'hérédité des femmes peut
exercer sur les évènemens politiques. Lorsque Louis VII eut
pris, malgré les conseils de Suger, la détermination fatale de
la répudier, il fut forcé de lui rendre l'Aquitaine et le Poitou
qu'elle avait réunis à la couronne de France, et qui ne lui ren-
trèrent plus tard qu'après des guerres longues et sanglantes.
L'épouse renvoyée se mit en route pour son pays; mais son riche patrimoine devait lui attirer des prétendans empressés.
Elle s'arrêta quelque temps à Blois; le comte voulut l'épouser par force. Elle se sauva la nuit, et descendit la Loire jusqu'à Tours, ville qui faisait partie du comté d'Anjou. Le
deuxième fils du comte vint se placer en embuscade au port
de Pile pour arrêter le cortége de la duchesse et l'enlever elle-
même. Éléonore avertie prit un chemin détourné pour se rendre à Poitiers. C'est là que Henri, duc de Normandie et plus
tard roi d'Angleterre, vint solliciter et obtint sa main six se-
maines après qu'elle eut quitté son premier époux (1). Telle
fut l'origine de la fortune des Plantagenets. Ils possédaient

(1) *Mémoire* de M. de St-Hermine *sur l'influence du divorce d'Éléonore*

d'abord l'Anjou, le Maine, la Touraine. Une princesse d'Angleterre leur avait apporté la Normandie et l'Angleterre. Un autre mariage leur donnait le Poitou et l'Aquitaine. Plus tard, ils eurent aussi la Bretagne par le mariage de Geoffroy, fils de Henri II, avec Constance, fille de Conan IV. Grâce à toutes ces alliances, les Plantagenets disputèrent quelque temps aux Capétiens la réunion des provinces de France.

Les fameuses querelles sur la succession du duché de Bretagne au XIVᵉ siècle prirent naissance dans une question d'hérédité féminine. Jean III étant mort sans enfans, Jeanne la Boiteuse, fille du second frère Charles de Blois, devait-elle régner à l'exclusion du comte de Montfort, troisième frère? Jusque-là les fils avaient exclu leurs sœurs même plus âgées; mais les filles, à défaut de frères, avaient recueilli l'héritage paternel préférablement aux parens plus éloignés. Les exemples d'Havoise, fille d'Alain III, en 1066, de Berthe, fille de Conan III, en 1148, et d'Alix, à une époque plus récente, avaient prouvé que les femmes n'étaient inhabiles ni à transmettre ni à porter elles-mêmes la couronne. Mais ici la question de succession féminine se compliquait de celle de représentation. Le frère, outre qu'il se prévalait de son sexe, se disait le parent le plus proche; la mère invoquait les droits de son père. Montfort invoquait la loi salique qui devait s'appliquer en Bretagne, comme fief de la couronne; enfin l'incapacité des femmes à hériter des fiefs. L'exemple de celles qui avaient régné en Bretagne ne prouvait rien, parce qu'elles avaient régné à défaut de mâles, et n'avaient exclu que des parens très-éloignés. Montfort, suivant le goût du temps, citait encore en sa faveur Moïse, les apôtres, les philosophes, etc. : « Nous avons,

de Guyenne sur les destinées de la France (dans la *Revue anglo-française,* t. III, p. 4).

disait-il, l'exemple de la benoiste Vierge Marie, laquelle ne succéda mie à Dieu au gouvernement temporel ni spirituel. » Mais, dit l'historien auquel nous empruntons ces détails (1), il s'agissait de peser les intérêts bien plus que les argumens. Par une contradiction que Voltaire a signalée (2), le roi de France, qui semblait devoir soutenir la loi salique dans la cause du comte de Montfort, héritier mâle de la Bretagne, prenait le parti de Charles de Blois, qui tirait son droit des femmes; et le roi d'Angleterre, qui devait maintenir le droit des femmes dans Charles de Blois, se déclarait pour le comte de Montfort. Ajoutons que, par une autre contradiction, Jeanne se battait avec un courage tout viril pour soutenir un droit qui se basait sur l'incapacité de son sexe, de même que plus tard une autre Jeanne devait terminer les longues guerres avec l'Angleterre, qui avaient pris leur source dans une question semblable. Celle relative à la succession du duché de Bretagne dura vingt-cinq ans, et ne se termina qu'en 1365 par le traité de Guérande. Il y fut stipulé que tant qu'il y aurait hoirs mâles descendans de la ligne de Bretagne, les filles ne succèderaient au duché.

Enfin, si le duché de Bourgogne, à la mort de Charles-le-Téméraire, fut réuni au royaume de France, ce fut bien moins comme fief masculin et apanage devant faire retour à la couronne (3), ainsi que l'affirment les légistes, que grâce aux mesures de Louis XI; et si l'autre moitié de ce riche héritage lui échappa pour fonder par les femmes la puissance politique de la

(1) Daru, *Histoire de Bretagne*, t. II, p. 75.
(2) *Essai sur les mœurs*, chap. 75.
(3) La Bourgogne était si peu un fief masculin que c'était par héritage de femmes que le duché était venu en la possession du roi Jean, et l'ouverture du droit de retour si contestable que l'acte de donation portait : « *Hœrede non succedente,* » termes à coup sûr peu décisifs pour exclure les filles. Enfin eussent-elles été exclues en effet, il existait encore un descendant mâle dans personne de Jean, comte de Nevers.

maison d'Autriche, à l'éternel regret de celle de France (1),
il faut s'en prendre à la politique funeste du monarque soup-
çonneux, qui lui fit manquer le mariage du dauphin avec la
jeune héritière.

Résumons tout ce qui précède en disant qu'en France, dès
le XI° siècle, et peut-être auparavant, les femmes furent considérées comme habiles à transmettre les fiefs, que, depuis le
commencement du XII° jusqu'aux temps modernes , elles en
ont possédé par elles-mêmes à titre successif, mais que les principes sur cette matière ne furent jamais tellement absolus au
moyen âge que le fait n'ait souvent influe sur le droit qui varia
suivant le temps et les lieux.

Beaucoup de grandes familles féodales, comme le fait remarquer Montesquieu, avaient leurs lois de succession particulières. Pour n'en citer qu'un exemple, celle des Balbes, origi-
naire du Piémont, dont une branche établie en France donna
naissance à celle des Crillons, conserva intact le principe de la
transmission de mâle en mâle et de retour du fief à l'État à défaut de descendance masculine, principe qui fut appliqué dans
un procès au siècle dernier (2). Certains priviléges de bour-
geoisie se perpétuaient aussi de la même manière. C'est un fait
curieux et peu connu, que des vingt familles de bouchers éta-
blies sous Hugues Capet à l'Apport-Paris, quelques-unes con-
servèrent jusqu'à la fin du XVIII° siècle, par une transmission
non interrompue de mâle en mâle, le nom de leurs pères, leurs
priviléges, et leurs étaux, à l'endroit même où ils avaient été
établis huit cent ans auparavant. Une tradition respectable a
retenu les noms des trois dernières de ces dynasties bourgeoises

----

(1) On sait que Louis XV étant à Bruges en 1745 s'écria en voyant le
tombeau de Marie de Bourgogne : « *Voilà le berceau de toutes nos guerres !* »
(2) V. l'*Histoire de Crillon*, par M. Fortia d'Urban.

qui eurent aussi leur loi salique : c'étaient les Thibert, les Saint-Yon et les Aubry.

Plusieurs auteurs nous attestent qu'il y eut des fiefs qui continuèrent d'être considérés comme masculins jusqu'à l'abolition, en 1789, des dernières traces de la féodalité (1). Cependant il faut reconnaître que la capacité des femmes fut le principe dominant à partir du XIIe siècle, que la France est même par les jurisconsultes opposée sous ce rapport à l'Allemagne, qu'enfin Loisel ne s'écarte guère de la vérité en proclamant cette maxime dans ses *Institutes coutumières* (2) : « *Le royaume ne tombe point en quenouille, ores que les femmes soient capables de tous les autres fiefs.* »

Nous rechercherons dans le chapitre suivant les causes de cette exception.

Chapitre III. — *La couronne.*

L'autorité suprême chez nos ancêtres fut tour à tour une magistrature patriarcale, un commandement guerrier, une monarchie patrimoniale, puis enfin une monarchie féodale et politique. Sous toutes ces formes, les femmes en furent exclues.

Le chef des Francs, nommé dans leur langue *koning, herzog,* en latin *rex,* était élu ; mais suivant un antique usage, général chez les Germains, le choix se concentrait ordinairement dans la race des anciens chefs dont on avait fait des demi-dieux, race distinguée par sa force, sa valeur et sa longue chevelure. Si l'on n'avait pas le témoignage formel de Tacite pour établir que les femmes ne pouvaient commander, la manière même dont on prenait possession du commandement suffirait à prouver que, pour en être revêtu, il fallait être

(1) Perreciot, *De l'état des personnes*, 11, 99 et 173.
(2) Liv. IV, tit. III, § 86.

homme et guerrier. Le nouveau chef était élevé sur le pavois, ou on lui mettait à la main une lance, attribut du sexe masculin. Car, comme le dit énergiquement Boulainvilliers, c'était un camp qui régnait en France. C'est à cette marque de l'investiture par la lance que Gontran voulait que Childebert reconnût qu'il lui avait donné son royaume. « Mes péchés ont fait, dit-il, qu'il ne me reste rien de ma race, si ce n'est vous qui êtes le fils de mon frère : soyez donc mon héritier (1). Gontran avait pourtant une fille, mais elle ne pouvait porter les armes et son père se contenta de lui donner un apanage. Chilpéric avait deux filles quand il répondait aux envoyés de Childebert : Puisque je n'ai pas de postérité, le roi votre maître, fils de mon frère, doit être mon seul héritier (2). La reine Bathilde, femme de Clovis II, craignait de ne mettre au monde qu'une fille, de peur, dit positivement l'auteur contemporain, que par-là le trône ne devînt vacant (3). Enfin si l'on ne trouve pas d'exemple d'héritière unique sous les Mérovingiens, quelques-uns de ces rois avaient laissé des filles qui auraient pu prendre part avec leurs frères aux partages alors usités de la succession royale. Or, on peut voir dans un Mémoire de Foncemagne (4) une liste complète et renfermant toutes les espèces possibles de filles qui n'ont été admises ni à partager avec leurs frères, ni à succéder au défaut de mâles.

On ne voit même pas que cet état de choses ait amené des réclamations, nous ne disons pas de la part des filles en bas âge et sans défense vis-à-vis de prétendans peu scrupuleux sur les

---

(1) *Greg. Turon.*, lib. vi, cap. 18.
(2) *Ibid.*, cap. 3.
(3) « *Verens ne filiam ederet et ob hoc regnum succumberet.* » *Vita sancti Elig.*, dans d'Acheri, *Spicileg.*, 1, 110.
(4) *Mémoire historique, dans lequel on examine si les filles ont été exclues de la succession au royaume en vertu d'une disposition de la loi salique.*

moyens de se débarrasser de leur rivaux ; mais de la part de celles qui, mariées à des princes puissans, pouvaient appeler la force au secours de leurs prétentions. Ainsi, dans le partage de la succession de Clovis, sa fille Clotilde ne fut pas appelée, et rien n'atteste que le roi visigoth, son époux, ait pris aucune mesure pour faire valoir ses droits (1). Alboïn, roi des Lombards, avait épousé Closinde, fille de Clotaire 1er, mais, après la mort de son beau-père, il ne réclama point la part de sa femme (2).

Bref, des enfans au berceau furent quelquefois appelés à régner ; les femmes purent exercer de fait le pouvoir royal sous un autre titre, témoin les *régences mâles, hardies et insolentes* de Frédégonde et de Brunehaut (3) ; mais elles ne régnèrent jamais en leur propre nom.

Cela tenait, disent certains auteurs, à ce que la couronne fut réputée *chose salique*, et que, comme telle, la transmission en fut réglée par la loi des successions dont elle éprouva les effets bons et mauvais : l'exclusion des femmes et les démembremens continuels de l'État à la mort de chaque roi (4).

La *loi salique*, l'*usage salique* sont, il est vrai, souvent cités dans les monumens de l'époque, à propos des successions civiles, quelquefois même pour des cas que la loi, telle que nous la possédons, n'a pas prévus. Mais, comme nous le verrons, on ne s'avisa que bien plus tard de les invoquer à propos de la succession au trône. L'exclusion des femmes s'établit d'abord par la force des choses, ainsi que nous l'avons démontré. Quand on voulut rapporter ce fait à une règle, soit dans les histoires du temps, soit dans les actes émanés de l'autorité, on invoqua d'abord uniquement une *coutume ancienne*, une *loi transmise par les aïeux* (5).

(1) *Greg. Tur.*, lib. iii, cap. 10.
(2) *Greg. Tur.*, lib. iv, cap. 3.
(3) Expressions de Montesquieu, *Espr. des lois*, liv. 31, chap. 2.
(4) Peyronnet, *Histoire des Francs*, 1, 89.
(5) Dans la proclamation de Charles-le-Chauve contre Wenilon, archevêque

Cependant il faut reconnaître, avec le savant académicien que nous avons déjà cité (1), que le chapitre 62 du Code salique put avoir une application indirecte à la succession du royaume : « De ce que le droit commun des biens nobles était de ne pouvoir tomber, pour me servir d'une expression consacrée par son ancienneté, *de lance en quenouille*, il faut certainement conclure que telle devait être, à plus forte raison, la prérogative de la royauté, qui est le plus noble des biens et la source d'où découle la noblesse de tous les autres : mais la loi renferme seulement cette conséquence, elle ne la développe pas, et c'en est assez pour que nous puissions soutenir que les femmes ont toujours été exclues de la succession au royaume de France par la seule coutume, mais coutume immémoriale, qui, sans être fondée sur aucune loi, a pu cependant être nommée loi salique, parce qu'elle en avait la force chez les Saliens, c'est-à-dire chez les Français. » En effet, on ne peut nier que, chez tous les peuples germaniques, l'ordre de la succession au trône n'ait été calqué sur le droit civil. Le royaume des Francs, en particulier, ne composait point une monarchie régulière. Le peuple et ses chefs étaient tout-à-fait étrangers aux principes de la police et du gouvernement des États. Tout se réglait chez eux par les coutumes de leur droit civil et par les

de Sens : « *Quia, sicut dicit sanctus Gregorius et ex consuetudine olitanâ cognoscitis, in Francorum regno reyes ex genere prodeunt.* » Baluze, 11, 184. Agathias écrivait au 6ᵉ siècle : « Οἱ Φράγγοι ἄριστα βιοῦντες σφῶν τε αὐτῶν καὶ τῶν πρόσοικῶν κρατουσι, παῖδες ἐκ πατρων τὴν βασίλειαν διαδέχομενοι. » Le même auteur, en rapportant que Théobalde succéda seul à son père Théodebert malgré son bas âge, ajoute : « Ἀλλ' ἐκάλε γε αὐτὸν εἰς τὴν ἡγεμονίαν ὁ πάτριος νόμος. » Enfin, ce qui est encore plus précis, il dit que Clotaire hérita de la couronne de son frère au préjudice des deux filles que Clotaire avait laissées, et cela *conformément à la loi du pays,* « κατὰ τὸν πατριόν νόμον. »

(1) Foncemagne, *Mémoire* déjà cité.

maximes de leur administration domestique (1). « Sous les
deux premières races, dit Bréquigny (2), la France fut regar-
dée comme une monarchie purement patrimoniale ; ils la partageaient, la transmettaient par testament, par donation solennelle. Les rois de la deuxième race réglèrent par testament
le partage entre leurs fils. Ils se croyaient le droit de décider
à qui appartiendrait, après leur mort, la tutelle de leurs enfans et l'administration de leurs États. »

Quand la règle féodale s'introduisit, on l'appliqua généralement à la succession des maisons souveraines. Ainsi les droits
de primogéniture, de représentation, de substitution, etc., s'é-
tendirent des fiefs à la couronne ou réciproquement. Écoutons
encore Bréquigny : « Sous Hugues Capet, la couronne de
France cessa d'être patrimoniale et devint une possession féodale dont la suzeraineté fut le premier titre. Ce fut une monarchie impartageable, grevée de substitution de mâle en mâle et
d'aîné en aîné, à l'infini. Cet usage devint la loi fondamentale
par aveu tacite (3). » « Sous la fin de la deuxième race, dit Mézeray, le royaume était tenu selon les lois des fiefs, et se gou-
vernait comme un grand fief plutôt que comme une monarchie. »

Il y a certainement beaucoup de vérité dans ces aperçus.
Nous verrons au commencement du livre suivant quels principes régissaient les souverainetés en général, en quoi les règles
qui présidaient à leur transmission se rapprochaient ou s'écar-
taient des règles suivies pour les patrimoines et pour les fiefs.
Contentons-nous de faire observer qu'en ce qui regarde la

(1) Naudet, *Mémoire sur l'état des personnes*, p. 425. L'auteur dit plus
positivement encore, p. 459 : « La succession royale n'était réglée par d'autres
lois que la loi commune des alleux. »
(2) *Mémoire sur les régences.*
(3) *Mémoire sur les régences.*

France, si l'on veut la considérer à ce moment comme un fief, toujours est-il que ce fief, sous Charlemagne, avait *dominé* sur une grande partie de l'Europe, et que, sous Hugues Capet, il avait commencé à laisser derrière lui toutes les autres principautés, jadis ses égales. L'idée de royauté indépendante, de monarchie française, se forma peu à peu des souvenirs de l'empire romain et du principe féodal de supériorité du fief dominant sur tous les autres. La transmission de la couronne se dégageait en même temps de l'élément électif qui l'avait modifiée sous les deux premières races, et, de l'antique suffrage des leudes et des grands vassaux, il ne restait qu'une vaine formule long-temps conservée dans la cérémonie du sacre. De plus, par une espèce de faveur providentielle, dont nous ne croyons pas que les autres États de l'Europe offrent un second exemple, depuis Hugues Capet jusqu'à Philippe-le-Long, c'est-à-dire pendant onze règnes consécutifs embrassant une période de trois cents ans, le trône fut toujours transmis de père en fils. Cet heureux hasard affermissait le principe de l'hérédité, mais au profit des mâles, et quand la question de la succession des filles se présenta pour la première fois, l'hérédité masculine était déjà entrée dans les habitudes, dans les idées de la nation.

Cette question fondamentale pour la monarchie, après avoir sommeillé si long-temps, se présenta deux fois en 12 ans (1316-1328). Mais il faut remarquer que, dans la première occasion, c'était une fille en bas âge qui se présentait comme devant hériter personnellement du royaume de France. Aussi Philippe-le-Long, son oncle, n'éprouva-t-il pas de difficulté sérieuse à se faire reconnaître dans une assemblée composée à son gré (1).

(1) Un traité conclu en 1316 entre Philippe-le-Long, alors régnant, et le duc de Bourgogne, avait stipulé que si la veuve de Louis X accouchait d'une

Mais la controverse se renouvela plus vive à la mort de Charles IV, le dernier des trois fils de Philippe-le-Bel, entre Édouard III, roi d'Angleterre, petit-fils de ce dernier par sa mère, et Philippe-de-Valois, qui n'était que son neveu, mais par les mâles. Comment la question fut-elle décidée alors ? On ne connaît que deux témoignages contemporains : le continuateur de Guillaume de Nangis et une vieille chronique anonime citée par Pithou.

Le premier décrit ainsi l'assemblée qui confirma à Philippe-de-Valois la possession de la couronne : « *Quàm plures proceres et regni nobiles ac magnates unà cùm plerisque prelatis et burgensibus Parisiorum civitatis.......... Tunc etiam*, ajoute-t-il, *declaratum fuit quòd in regno Franciæ mulier non succedit* (1). »

Le second document est un peu plus explicite : « *Obeunte inhumatoque Carolo Pulchro, orta est quæstio non modica, quis in regno de ipsius progenie proximior existeret ad succedendum. Affirmantibus quibusdam Anglicis Eduardum, eò quòd proximior, scilicet nepos regis. Tandem opinionibus et altercationibus sopitis, per principes et regni sapientes conclusum fuit, et unanimiter determinatum, quòd regnum eò quòd de consuetudine et statutis ejusdem in genus femineum descendere non valebat, comiti de Valesio Philippo pertinere debebat* (2). »

Comme on le voit, il n'est pas question ici de la loi salique, le mot n'est pas même prononcé. On se borne à invoquer la

---

fille, cette princesse et Jeanne, sa sœur du premier lit, ou l'une des deux en cas que l'autre mourût, aurait le royaume de Navarre avec les comtés de Champagne et de Brie, et qu'elles *donneraient quittance* du reste du royaume de France. *Trésor des chartes de Navarre*, layette III, pièce 7. Dupuy. *Traité de la majorité des rois.*

(1) *Contin. Guillaum. Nangis in Spicil.* d'Acheri, t. III.

(2) Pithou, *Liber legis salicæ.* On peut aussi consulter Froissard, liv. I, chap. 22, mais il écrivait près d'un demi-siècle après l'évènement.

coutume, les *statuts du royaume,* et les termes mêmes dont se sert le chroniqueur indiquent suffisamment qu'il n'y avait pas de règle devant laquelle dussent s'incliner les opinions contraires , puisque la question fut moins tranchée *qu'assoupie.*

Voilà le fait dans toute sa simplicité : les commentaires et les amplifications ne vinrent qu'après. On ne pouvait s'appuyer ni sur *l'imbécillité du sexe,* comme parle Mézeray, prétexte dont maint exemple contemporain aurait montré la frivolité , ni sur le droit civil en général, qui, dans la plupart des États, avait étendu à la transmission extraordinaire des trônes le système de la transmission ordinaire des propriétés, ni enfin sur la législation actuelle des fiefs qui permettait aux femmes d'en hériter (1). Les vieillards pouvaient se souvenir encore de la régence glorieuse de Blanche de Castille, et lorsque Philippe-le-Bel avait convoqué l'arrière-ban contre les Flamands, des femmes feudataires et abbesses y avaient paru à la tête de leurs troupes. Enfin il était permis de croire qu'une femme pouvait porter la couronne, à ceux qui avaient vu Mahault, comtesse d'Artois, la soutenir en qualité de pair de France , au sacre de l'un des derniers rois. On ne pouvait davantage invoquer le droit public européen , car si quelques faits récens pouvaient sembler contraires à la capacité des femmes (2), un plus grand nombre tendait à démontrer qu'elles pouvaient , soit occuper elles-mêmes le trône , soit au moins le transmettre à leurs descendans mâles.

Sans doute, à n'envisager la question qu'au point de vue du

(1) *Mémoire* de M. Mignet *sur la formation territoriale et politique de l'ancienne monarchie,* lu en juillet 1838 *à l'Académie des sciences morales.*

(2) En 1256, Pierre de Savoie avait fait débouter, par sentence d'arbitres, sa nièce Constance de la succession de ce duché.

droit civil , il y avait quelque chose de contradictoire dans la prétention d'Édouard qui, d'une part, était obligé d'admettre, avec les états de France , que les femmes ne succédaient point, afin d'exclure Jeanne , qui vivait encore, ainsi que les filles des derniers princes, et qui, d'autre part, venait invoquer, du chef de sa mère, des droits que, de son aveu, elle n'aurait pas eus elle-même, contre la maxime : *Nemo plus juris in alium transferre potest quàm ipse habet.* Cependant il faut dire que, dans les idées féodale. du moyen âge , et dans les usages des successions royales e l'Europe, ces titres n'étaient ni sans valeur, ni sans analogues. C'est sur un fondement semblable que Robert Bruce, à la même époque , appuyait ses droits au trône d'Écosse, et, au commencement du siècle suivant, les commissaires des trois provinces d'Aragon , de Catalogne et de Valence , en adjugeant le trône à Ferdinand de Castille, admettaient en principe que l'incapacité personnelle des femmes à occuper le trône ne les empêchait point de le transmettre à leurs héritiers et représentans (1).

La cause du roi d'Angleterre n'était donc pas si mauvaise peut-être qu'on l'a prétendu (2) ; mais surtout l'avocat, pour nous servir des expressions de Voltaire, était l'un des plus puissans de l'Europe, et le reste du siècle fut rempli par les

(1) Hallam, *Europe in the middle-ages.*

(2) On a dit, mais à tort. que Charles-le-Mauvais, fils de Jeanne, était plus près d'un degré qu'Édouard , en admettant même le système de ce dernier. On n'a pas fait attention que Charles n'était né qu'en 1332, c'est-à-dire postérieurement à l'ouverture de la succession litigieuse. Ce qu'il y a de certain, c'est que la thèse soutenue par Édouard a trouvé des partisans nonseulement dans les jurisconsultes anglais (v. l'ouvrage de P. Rival, chapelain du roi d'Angleterre, en réponse à la *dissertation* de Verlot *sur la loi salique*), mais encore dans des savans étrangers (*Dissertation* de Ludwig intitulée *Jus Anglorum in Galliam,* dans ses *Opusc miscell.,* t. ii, lib. i, n° 9), e jusque dans nos publicistes eux-mêmes (v. Bodin, *De repub.,* liv. vi, chap. 5, p. 1159).

guerres d'une succession contestée. Un éloignement à la fois instinctif et prévoyant, la crainte des princes étrangers, des guerres dynastiques qui avaient été et qui continuèrent à être très-fréquentes dans les autres pays (1); par-dessus tout la pensée profonde et si bien exprimée par M. Michelet, de placer la couronne immobile au-dessus des vicissitudes que l'hérédité féminine avait introduites dans les fiefs : tels furent les véritables motifs de la décision prise alors par l'assemblée des grands du royaume ; mais, dans ce siècle légiste, il fallait prêter à la raison d'État l'autorité d'un texte de loi. On se fonda sur cette fiction du droit féodal qui transportait à la terre elle-même la hiérarchie de ses copartageans, et qui modelait la condition de l'homme sur celle du domaine. Quoique l'ancienne loi des Francs Saliens ne traitât nulle part de la transmission des magistratures, et que d'ailleurs elle eût depuis long-temps cessé d'exister avec les lois personnelles des peuples barbares, par une analogie spécieuse, l'article de la succession aux biens ordinaires fut invoqué comme une autorité capable de vider les querelles de la succession royale (2).

Ce texte une fois trouvé, les légistes l'érigèrent en loi fondamentale et le pressèrent pour en faire sortir toutes les conséquences. Balde fut un des premiers (3) qui rattachèrent à

(1) *Mémoire* de M. Mignet, déjà cité.

(2) Aug. Thierry, *Lettres sur l'histoire de France*, p. 153. Remarquons que les rois et leurs conseillers, qui avaient mis en avant cette assimilation de la succession royale à la succession civile, surent fort bien la répudier quand ils voulurent s'affranchir des obligations contractées par leurs prédécesseurs. Le roi Louis XII, dit Bodin, liv. 1, n° 827, quand on lui demanda l'artillerie qu'on avait prêtée à Charles VIII, fit réponse qu'il n'était pas son héritier. Il cite des lettres de François II et un arrêt du parlement de 1254 dans le même sens. En effet, ajoute-t-il, la royauté n'est point déférée par succession paternelle, mais bien en vertu de la loi du royaume.

(3) *Voy.* sur ce point trois articles de M. Guérard sur le travail de M. Pardessus, relatif à la loi salique, dans le *Journal des savans*, 1843.

une théorie légale les faits encore récens de la querelle entre Édouard III et Philippe de Valois (1). Les historiens, qui commençaient à mêler quelques aperçus politiques à la narration sèche des anciens chroniqueurs, vinrent en aide aux légistes. Alain Chartier, Robert Gaguin, Claude de Seyssel, commencèrent à citer la loi salique comme le fondement de la masculinité de la succession au royaume de France (2). L'Église elle-même vint ajouter à ces assertions la sanction d'une antique prophétie évangélique, renfermée dans ces mots sacramentels de l'évangile de saint Matthieu, chap. 6 : « *Videte lilia agri, neque laborant, neque nent* (3). » C'est avec ce cortége imposant d'autorités que la théorie de la loi salique arrivait jusqu'au XVIᵉ siècle, époque de son plus grand crédit. Plusieurs circonstances concoururent au rôle important qu'on lui fit jouer alors. A cette époque même, cette loi, depuis si long-temps abolie, était encore souvent invoquée comme coutume, ainsi que nous le verrons en traitant de la succession civile, et conservait une espèce d'autorité mystérieuse. Dans les pre-

(1) C'est à propos de la loi 1, tit. *De senatoribus, Digest.*, qu'il mentionne cette querelle en ajoutant : « *Filia regis Francorum non succedit in regno ex rationabili consuetudine Francorum.* » Et il développe les conséquences de cette règle dans son commentaire sur le tit. *De feuda Marchiœ,* en ces termes remarquables : « *Si moreretur tota domus regia, et exstaret unus de sanguine antiquo, juxtà de domo Borboniâ, et non esset alius proximior, esto quod esset millesimo gradu, tamen jure sanguinis et perpetuœ consuetudinis succederet in regno Francorum.* » Ailleurs il appelle cette coutume : *jus gentium Gallorum.*

(2) Chantereau-Lefevre, *Traité manuscrit de la loi salique,* à la Bibliothèque royale. Jusqu'au 18ᵉ siècle les historiographes et les publicistes de la chancellerie affectèrent d'appeler *terre salique* les provinces qui formaient l'ancien patrimoine des rois de France et qu'on distinguait des *pays d'états* ou *de conquête. Épitome de l'hist. de France,* par P. de la Galaisière, t. 1ᵉ p. 323.

(3) On prétendait qu'aux états de Senlis, où la question de la succession royale avait été décidée, ces mots se trouvaient dans l'évangile du jour. En 1593, on les afficha à la porte de don Mendoce, ambassadeur d'Espagne.

mières éditions imprimées qu'on en fit au commencement de ce siècle, le fameux article sur les *alleux* fut imprimé en caractères majuscules, quelquefois même, dit-on, en lettres d'or, et cet usage se conserva jusqu'au XVIIIe siècle, comme pour rendre sensible aux yeux de tous la haute portée qu'on se plaisait à lui attribuer. Enfin cette croyance fut encouragée à la fin du XVIe siècle par le parti parlementaire qui s'en servit pour repousser la princesse que l'Espagne voulait imposer à la France. Mais dans cette occasion, où la pensée politique qui avait présidé à l'exclusion des femmes recevait une dernière et solennelle confirmation, ni l'une ni l'autre des parties ne s'abusait sur la valeur du texte mis en avant. Jérôme Bignon n'était que l'écho de ses savans confrères, lorsqu'il disait tout bas que « la loi salique n'existait pas, mais qu'elle était gravée dans le cœur de tous les bons Français », et le roi d'Espagne écrivait dans une instruction secrète à ses agens à Paris : « On passera plus avant en leur insinuant dextrement les droits de madame l'infante, non-seulement à tous les Estats qui, comme biens dotaux, ont esté, par mariage de femme, unis à la maison de France, et qui à présent doivent par justice revenir à la droite ligne (1); mais il faut encore passer outre, *estant, comme il est, une pure invention que de la loi salique,* comme très-bien sçavent les plus doctes et entendus d'eux (2). »

Quoi qu'il en soit, la résistance des parlemens et la bonne épée de Henri IV tranchèrent la question, qui ne reparut plus. Il était désormais évident qu'un principe de succession observé sans interruption pendant plus de mille ans (3) pouvait

---

(1) C'était une prétention assez ridicule du roi d'Espagne qui, ayant épousé Élisabeth de France, soutenait qu'Élisabeth, sa fille, avait droit aux fiefs féminins du royaume.

(2) *Dessein perpétuel des Espagnols à la monarchie universelle*, 1624, in-12, p. 39.

(3) Durant cette période elle avait été appliquée 5 fois. Sous Charles VI,

se passer d'une sanction légale, et qu'un texte obscur, tiré d'une loi barbare, n'ajoutait rien à son autorité. Le moyen âge avait fait son temps. L'histoire moderne commençait en s'appuyant sur de nouveaux principes politiques. L'hérédité mâle, constituée d'une manière invariable dans la famille royale dont elle avait fait la durée et l'unité dans le passé, devint à la fois, dans l'avenir, le germe destructeur de la féodalité et le principe générateur de la monarchie absolue (1).

l'influence des Anglais avait fait nommer une femme héritière du trône, et Catherine de Médicis avait, dit-on, songé à faire passer le sceptre à sa fille ; mais c'étaient là des exceptions qui ne faisaient que confirmer la règle, d'autant plus qu'elles se liaient à des noms impopulaires, à des époques malheureuses.

(1) Voltaire, qui aimait à contredire en se jouant les idées reçues, a, deux fois, et presque dans les mêmes termes, supposé le cas où, dans un temps plus ou moins reculé, une fille de France resterait seule descendante en droite ligne de Hugues Capet : « Je suppose encore, dit-il, que cette princesse aura toutes les vertus, qu'elle sera très-belle et très-séduisante. En conscience, messieurs des états généraux, lui refuserez-vous le trône où se seront assis ses pères pendant quatre mille ans, et cela sous prétexte qu'il ne faut pas que la Gaule passe de lance en quenouille ? » *Dict. phil.*, v° LOI SALIQUE. Ailleurs il dit d'une manière plus affirmative encore : « Je donne ma voix sans difficulté, dans trois ou quatre cents ans, à la princesse issue du sang de nos rois ; je la fais reine, pourvu qu'elle soit bien élevée, qu'elle ait l'esprit juste, et qu'elle ne soit point bigote. » *Comm. sur l'espr. des lois.* Cette idée, que Voltaire présentait ainsi sous des formes peu graves, a été sérieusement exposée en 1820 par M. Thomassy dans une brochure intitulée : *De la nécessité d'appeler au trône les filles de France.* L'auteur, après avoir démontré facilement, dans un examen préliminaire de la loi salique, qu'il n'existait pas, dans l'ancienne monarchie, de texte de loi sur la matière, cherche à établir ensuite les propositions suivantes : *Que la coutume qui exclut les femmes du trône est fondée sur un ordre de choses qui n'est plus ; — Que les femmes sont capables de gouverner.* » Sans nier l'infériorité physique de la femme, dit-il à ce sujet, on peut fort bien établir l'affirmative. Les Anglais ne mettent aucun emploi public, auquel une femme puisse s'élever, entre l'administration d'un royaume et les soins communs d'un ménage. Dans une monarchie constitutionnelle, cette question pourrait se traduire par celle-ci : «La femme est-elle capable de faire un bon choix de ministres ? » Après avoir rappelé les exemples que l'histoire fournit à l'appui de son opinion, il ajoute ingénieusement : « Il nous semble entendre nos adversaires traiter d'excep-

tions les règnes glorieux des Elisabeth, des Anne, des Catherine, etc. Étranges exceptions que celles qui, se reproduisant autant de fois que les lois ou les circonstances ont placé le souverain pouvoir dans les mains d'une femme, resserrent la règle prétendue générale au point de ne s'appliquer qu'à deux ou trois cas! » L'auteur conclut qu'*il est nécessaire d'appeler les filles de France au trône, dans l'intérêt des Bourbons et de nos libertés.*

Nous citerons en sens contraire quelques passages d'un article curieux, sur la succession d'Espagne, inséré dans le *Globe* du 14 avril 1830, sous le nom de M. Trognon, mais qu'on attribue à un auguste personnage : « Jamais en France, dans son meilleur temps, la royauté absolue n'aurait eu l'audace de changer l'hérédité salique. Il parut à Louis XIV moins hardi, il lui fut plus facile de déclarer ses bâtards aptes à régner. Pour les filles légitimes, il n'eût o é le faire. Le vieil axiome, que les lis ne filent point, paraissait à Louis XIV encore plus sacré que son pouvoir.... L'inconvénient grave du changement annoncé (l'abolition de la loi salique par Ferdinand VII), c'est l'incertitude qui peut à chaque instant en résulter pour la succession de la couronne d'Espagne : c'est l'importance que prennent tout d'un coup les mariages que les princes de l'Europe peuvent contracter avec les princesses de cette famille. Il est peu d'alliances de ce genre qui ne puissent désormais devenir l'origine de quelques prétentious au trône et de quelque nouvelle guerre de succession, de rupture enfin dans l'équilibre de l'Europe. »

FIN.